会计
原来这么有趣

零基础从业篇

刘海涛 著

机械工业出版社
China Machine Press

图书在版编目（CIP）数据

会计原来这么有趣：零基础从业篇 / 刘海涛著 . —北京：机械工业出版社，2016.10
（2024.6 重印）

ISBN 978-7-111-54967-3

I. 会⋯　II. 刘⋯　III. 会计学 – 基本知识　IV. F230

中国版本图书馆 CIP 数据核字（2016）第 228498 号

会计原来这么有趣：零基础从业篇

出版发行：机械工业出版社（北京市西城区百万庄大街 22 号　邮政编码：100037）
责任编辑：冯小妹　　　　　　　　　　　责任校对：殷　虹
印　　刷：河北宝昌佳彩印刷有限公司　　版　　次：2024 年 6 月第 1 版第 20 次印刷
开　　本：170mm×242mm　1/16　　　　印　　张：14.5
书　　号：ISBN 978-7-111-54967-3　　　定　　价：35.00 元

客服电话：(010) 88361066　68326294

版权所有・侵权必究
封底无防伪标均为盗版

Preface 序 言

不是爱会计,似被老妈误。时光匆匆,我从上大学时接触会计到现在已经有17年了,填报高考志愿那年,我还是青葱少年。老妈对我说:"学会计吧,发工资都得经过会计,学会计不缺钱。"于是,我这辈子就和会计相伴了。

刚认识会计的时候,我并不喜欢她,主要原因可能是她的介绍人——我的会计老师从会计分录和科目逐步地讲,讲了两年多才说到财务报表,就像把一位美女用黑布蒙上,然后从脚底一点一点地掀开,观众等了两年多,才看到她美丽的面庞,太煎熬了。

后来,我阴差阳错地也成了会计老师,不愿意学生和我受相同的罪,于是从会计报表开始教,让学生先看到会计这位大美女的美丽容貌,然后,逐步认识细节。这受到了大多数学生的好评。去年,我看到一版在美国十分流行的会计教材,思路竟与我不谋而合,看来,全世界学会计的人都是人有此心、心同此理的,于是便萌发了写此书的想法。

如上所述，为了方便读者阅读，我将会计分为两本书来讲，本书适合没有会计基础的人学习。这本书采用会计目标—财务报表—会计账簿—会计凭证—经济活动顺序书写，便于读者从头到脚端详会计这位美人。这样做不仅是为了增加阅读兴趣，更主要的是想帮助你掌握会计的精髓，熟悉会计的框架。当你了解了会计之道，再去从事相关工作，上手会很快。

当你积累了一些会计实务经验后，再读第二本中级实务篇。如果你有一定的会计基础，可以不按文章顺序来读，这篇实际上是由一些相互联系又各自独立的文章串联起来的。第二本书选择了一些常见的和难度较大的业务（准则）进行解释，其中包括部分会计实务界争议较大的业务。如果仔细阅读，相信对你考取中级会计师或者提升会计实务水平有很大帮助。中级实务篇的第二部分财务管理主要介绍常见财务管理理念和工具，这对你经营公司、构建基本的财务管理思维有所帮助。

另外，由于我比较喜欢诗词，所以几乎每一章前面都填了一首词，水平不高，莫要见怪，权当是一个梳理，可以帮助你快速理解该章的核心内容和知识框架，便于阅读和复习。如果你读这些词和文中闲话时，产生一种隐约的感情，那便是知音了，正是由于这种情怀萦绕，才促使慵懒的我完成此书。

由此，我写此书时，有一种喜悦和凄凉，喜悦的是我的情怀可以用会计这种特殊方式得以释放；凄凉的是，无论会计技术如何发展都难以实现其最初的目标，每一种会计技术的形成，都是当时具体经济环境下相关性与如实性平衡的结果，甚至是对现实的妥协。因此，当我试图用会计基本原则解释具体准则时，就遇到了很多困惑，比如会计报表中的计量属性不一致，有的项目用历史成本，有的项目用公允价值，权益法下长期股权投资的初始成本的确认也违背谨慎性要求等。正如人类社会无论如何努力追求公平和正义，都永远无法达到绝对的公平和正义。或许正是因为如此，才有了包括会计学在内的各个学科存在的必要，才有了人类社会努力的方向，从而演绎了多姿多彩的文明世界。

最后，衷心感谢机械工业出版社的编辑，没有她的辛苦校订和修改，慵懒随意的我很难完成本书的写作。尽管我和编辑已经尽力，但由于水平和精力有限，难免出现瑕疵，欢迎大家对本书的不当之处批评指正，我会尽快通过我的微信公众号"微会计课堂（wkjkt_lht）"给大家回复。

刘海涛

2016 年 4 月 18 日

Contents
目　录

序言

第一章　会计简史　/ 1

一、会计萌芽始结绳　/ 2

二、石器时代分类登记中　/ 2

三、货币计量今犹在，只是朱颜改　/ 3

四、问君能有几多愁，投入借入复式记账中　/ 4

本章要点　/ 6

考考你　/ 6

答案　/ 7

第二章　会计目标与会计报表　/ 8

一、古代会计目标：一曲新词酒一杯，过往记账又为何　/ 9

二、现代会计目标：投资借款难决策　/ 9

本章要点　/ 14

考考你　/ 14

答案 / 15

第三章　财务报表与会计账户 / 16

一、证账表的关系：不知结绳古账，今为证账表 / 17

二、计量单位：货币 / 17

三、记录对象：账户的名称（科目） / 18

四、账户的结构：要素分账户，借贷伴左右 / 22

五、账户的表现形式：账簿 / 22

本章要点 / 26

考考你 / 26

答案 / 27

第四章　会计账簿与会计记录 / 28

一、记账方法的渊源：不是爱借贷，似被增减误 / 29

二、借贷记账法 / 29

三、借贷记账法应用案例 / 32

本章要点 / 42

考考你 / 42

答案 / 43

第五章　会计记录与原始凭证 / 45

一、原始凭证的渊源 / 46

二、原始凭证的确认 / 49

三、原始凭证的分类 / 49

四、原始凭证的审核 / 51

本章要点 / 51

考考你 / 52

答案 / 52

第六章　货币资金演绎与资金运动 / 53

一、货币的来源 / 54

二、货币的演绎 / 55

三、货币资金的循环 / 59

四、货币资金与经营 / 60

考考你 / 60

答案 / 61

第七章　资金运动与会计记录 / 62

一、核算的起源：人生若只如初见 / 63

二、日常业务核算：何事增减画借贷 / 63

三、期末结转：等闲变却虚账心，却道虚账心易变 / 72

考考你 / 73

答案 / 74

拓展阅读：成本小传 / 75

第八章　会计报表的演绎及编制 / 83

一、按报表项目性质的余额列报：资产负债表 / 84

二、按报表项目功能的发生额列报：利润表 / 84

三、年老的后起之秀：现金流量表 / 86

四、会计报表编制的原则：便于报表使用者阅读和理解 / 87

五、会计报表编制的程序：账务处理程序 / 89

考考你 / 90

答案 / 92

第九章　财务会计概念框架　/ 95

一、会计目标与会计信息质量　/ 96

二、会计信息质量要求：会计目标的具体化　/ 96

三、第一次会议：质量要求与会计假设的会议　/ 98

四、第二次会议：会计信息质量要求
　　与会计要素和账户（确认）　/ 101

五、第三次会议：会计信息质量与五个计量属性（计量）　/ 110

六、第四次会议：会计信息质量要求与会计记账基础　/ 111

七、形成列报　/ 113

考考你　/ 113

答案　/ 115

拓展阅读：资产小传　/ 116

第十章　漫谈会计法（依据会计从业资格考试
　　　　　大纲编写）　/ 122

一、会计法律制定构成体系：会计法，分四级　/ 124

二、会计法律关系的主体：会计机构和人员　/ 125

三、会计法律关系的客体：会计行为（核算和监督）及会计资料
　　（会计档案）　/ 130

四、会计法律责任：若违规，受二责　/ 134

考考你　/ 136

答案　/ 136

第十一章　支付结算法律制度（依据会计从业资格考试
　　　　　　大纲编写）　/ 137

一、现金结算　/ 138

二、银行结算　/ 140

考考你 / 157

答案 / 160

第十二章　十八种税简介 / 162

一、税收的主体：征收人和纳税人关系演绎 / 164

二、税收的客体：征税对象 / 165

三、所得类税 / 166

四、流转类税 / 174

五、财产类税 / 178

六、行为目的税 / 181

七、资源类税 / 187

八、其他税 / 190

考考你 / 191

答案 / 193

第十三章　增值税 / 194

一、基本核算及账务处理：增值税，价外计 / 195

二、销项税的核算：视同销售，笼盖八项 / 199

三、进项税的核算：进项税，分两类 / 210

四、期末结转：相互抵消转未交 / 214

考考你 / 215

答案 / 216

后记 / 217

Chapter 1 第一章

会计简史

春花秋月何时了,

往事知多少。

会计萌芽始结绳,㊀

石器时代分类登记中。㊁

货币计量今犹在,㊂

只是朱颜改。

问君能有几多愁,

投入借入复式记账中。㊃

——改自南唐后主李煜《虞美人》

㊀ 会计思想萌芽于用数反映(描述)经济活动,典型标志为结绳记事。
㊁ 对所核算的对象(内容)依据其性质或者用途(目的),进行分别确认和记录是会计核算的重要环节。
㊂ 货币计量是会计核算最重要的特征,标志着古代会计的诞生。
㊃ 复式记账法的产生标志着近代会计的形成,强调企业资产不仅来源于股东直接投入、间接投入(也就是企业赚来的,即累积经营盈余),还包括借入资金。资产=负债+所有者权益,在登记账户的时候至少包括两个账户,既体现来源,又体现去向。

一、会计萌芽始结绳

在人类还没有文字的时候,就已经有了会计思想的萌芽。据考古学家说,人类在旧石器时代主要是靠狩猎和采摘为生,也就是靠天吃饭。天气和运气好的时候,能多打一些猎物,运气不好的时候,打的猎物就少,甚至没有。为了生存,猿人需要在打猎物多的时候储存一部分,打猎物少的时候再进行分配。

为了便于记录,猿人打到猎物后就用绳子结一个大疙瘩,这就是结绳记事(见图1-1)。这个绳子上的疙瘩实际上就是数,而猎物和果实就是人类的劳动成果。因此,**可以说会计思想的萌芽是用数来反映人类的日常活动。**

图1-1 结绳记事

二、石器时代分类登记中

随着人类社会的发展,进入了新石器时代。人类工具先进了,可以打到更多的猎物,于是,人们就将不同的猎物用不同的绳子记录(见图1-2)。比如,在绳子上分别拴上狐狸耳朵和兔子耳朵,以后再猎到狐狸的时候就在拴狐狸耳朵的绳子上结疙瘩，打到兔子的时候就在拴兔子耳朵的绳子上结疙瘩，这样就产生了分类的思想。**现在的会计账户就是分类思想的演绎**。比如，食品厂采购面粉，就在"原材料——面粉"的账户上记录，采购白糖，就在"原材料——白糖"的账户上记录。因此，有学者说会计是分类的艺术。

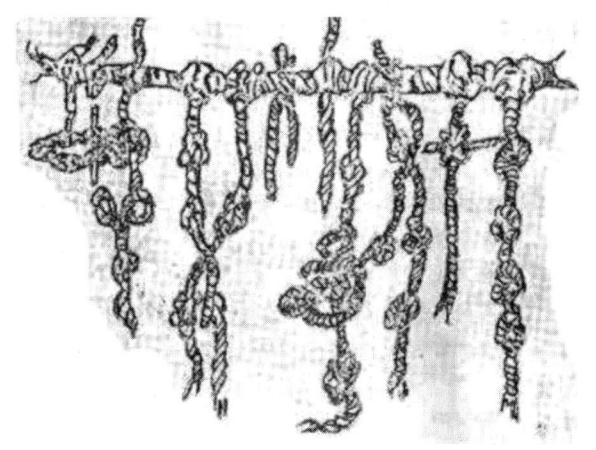

图1-2　分类记账（结绳）

三、货币计量今犹在，只是朱颜改

当人类进入初步文明社会时，不同人群就各有各自的特长，有的人善于种庄稼，有的人善于打猎，这就导致了社会大分工的出现。由于种庄稼的人想吃肉，打猎的人也要吃米饭，就产生了交易，交易导致了货币的产生（见图1-3）。货币可以衡量一切人类劳动成果，用货币可以**全面地**（空间上）、**连续地**（时间上）、**系统地**（逻辑上）记录和核算人类的经济活动，这是需要经过专门学习和训练才能掌握的，因此，出现了专职会计人员，古代会计也就诞生了。

图 1-3　货币的出现

在漫长的古代社会中，人们很少借款，因此，通常资产多了就是收入，资产少了就是费用，剩下的资产就是利润了。这就是我国秦汉时期的三柱记账法，也就是**收入－支出＝结余**。到了唐宋时期，考虑到资产剩下的不一定是本年利润，还有一部分可能是上一年剩下的，为了区分，就变成"**上期结余＋本期收入－本期支出＝本期结余**"（见图1-4）。这就是四柱记账法，实际上也是我们现在账户的基本结构。

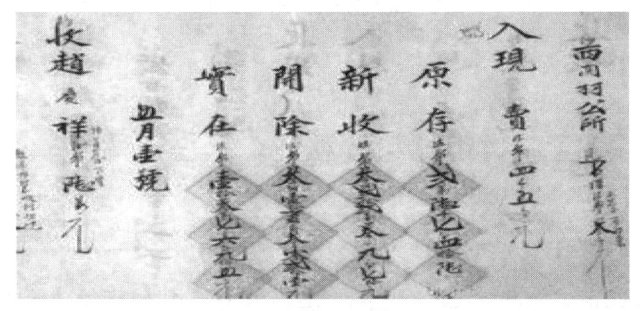

图 1-4　我国古代账簿

四、问君能有几多愁，投入借入复式记账中

随着时代的进步，欧洲进入大航海时代。由于进行海上贸易需要很多资金，单个企业主自己很难负担，于是就出现了专门从事借款的

银行家（见图1-5）。这时候，企业资产就不一定都是企业股东的了，还有可能是借来的。于是就产生了**会计第一等式：" 资产 = 负债 + 所有者权益"**。同时资产的增加不一定是收入，还有可能是借来的或者股东投入的，资产的减少也不一定是费用，还有可能是还债了或者分红了。这样就需要把收入和费用单独定义，产生了"**收入 - 费用 = 利润**"。这两个等式包含了会计核算的六个主要方面，也叫会计的六要素。会计核算的内容也从过去只核算事物的自然属性，扩展到核算事物的权属关系。从此诞生了复式记账法，标志着近代会计形成。

图1-5 欧洲早期银行家——罗斯柴尔德家族

到了20世纪初期，由于工业革命迅速发展，企业和企业、国家和国家产生了激烈的竞争，甚至导致了两次世界大战。企业和企业竞争，要求企业提高效率和效益，因此，产生了侧重企业内部管理、提高企业效益的管理会计，而传统的侧重于向股东和债权人报告财务状况的会计叫作财务会计。**两大会计分支的形成标志着现代会计的产生**（见图1-6）。

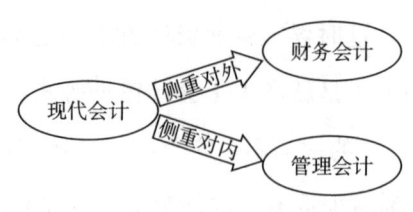

图 1-6 两大会计分支

✩ 本章要点

数的思想（数描述经济活动） ▶ 分类的思想（便于统计，分类登账） ▶ 货币计量（全面性、连续性、系统性） ▶ 复式记账（资产＝权益） ▶ 现代会计（管理会计和财务会计形成）

✩ 考考你

一、不定项选择题

1. 下列哪项表示古代会计产生？（　　）

    A. 结绳记事　　　　　　　　B. 货币诞生

    C. 复式记账法　　　　　　　D. 管理会计和财务会计的形成

2. 下列哪项表示现代会计形成？（　　）

    A. 结绳记事　　　　　　　　B. 货币诞生

    C. 复式记账法　　　　　　　D. 管理会计和财务会计的形成

3. 会计核算的特点是（　　）。

    A. 全面性　　B. 准确性　　C. 连续性　　D. 系统性

4. 会计账户等式是（　　）。

    A. 资产＝负债＋所有者权益

    B. 收入－费用＝利润

    C. 期初余额＋本期增加发生额－本期减少发生额＝期末余额

    D. 资产增加－资产减少＝资产结存

5. 侧重对内服务的会计是（　　）。

    A. 财务会计　　B. 电算化会计　　C. 管理会计　　D. 成本会计

二、思考题

1. 会计与社会经济发展的关系是什么？
2. 会计目标应该是什么？

☆ 答案

一、不定项选择题

1. B
2. D
3. ACD（由于种种原因，会计核算不能绝对准确）
4. C（A和B是会计等式，不是会计账户等式）
5. C

二、思考题

略。

Chapter 2
第二章

会计目标与会计报表

一曲新词酒一杯，
过往记账又为何？
投资借款难决策！
财务状况看资负，
经营成果赖收益，
钱来钱去流量表。

——改自晏殊《浣溪沙》

早期人类的记录活动主要是为了食物的分配，也就是为了生存，可是随着人类生产力的提升，生存已经不是最大的问题了，人类的记录反而更加详细、烦琐。我们先从中国会计的鼻祖——大禹先生聊起。

一、古代会计目标：
一曲新词酒一杯，过往记账又为何

《史记》中曾记载"禹会诸侯江南，计功而崩，因葬焉，命曰会稽。会稽者，会计也"，也就是说，大禹先生将天下的诸侯都叫到江南开会，问问他们都干了什么活，要对这些诸侯老爷们进行考核和监督。

实际上，自从古代会计诞生到被近代会计所取代，这几千年的光阴中，需要会计的主要是政府的老大——皇帝。当时的皇帝十分关注自己的财富和权力，定期对官员进行考核和监督，为此，皇帝安排专职人员对官员经办的财物进行记录，这个专职人员过去叫作"司会"。显然，为监督和考核需要的记录资料，比早期为了储存分配的记录要复杂得多。

二、现代会计目标：投资借款难决策

到了近代社会，自然经济逐渐瓦解，皇帝没了，民主到了，**传统的官厅会计就演变成行政事业单位会计**。同时，企业如雨后春笋般林立，成为经济社会的主体。**企业会计因此也就逐渐发展起来，并形成了侧重为企业外部的股东和债权人服务的财务会计**，和侧重于为企业

管理者服务的管理会计。 管理会计的目标是满足企业内部管理层（董事会、总经理、中层管理者、基层管理者）的决策需求，财务会计主要是为股东、债权人和国家（主要是税务机关）服务的，没有他们就不会有企业，也就不会有那么多的社会财富。所以，满足他们的决策需求是十分重要的事。

（1）现在，假设你是亿万富翁，有很多闲钱，同时有很多企业来找你投资，你首先要了解企业的哪方面信息呢？很可能是利润（见图2-1）。利润是由"收入－费用"形成的，因此，为了你的投资决策需求，财务会计要编制利润表（现在叫综合收益表，本书中会同时使用两种称谓，代表同一个表格，简化样式见表2-1），以反映企业的经营成果。

股东：以后你能给我赚多少钱？ ⇒ 经营成果

图 2-1　股东需要的财务信息

表 2-1　综合收益表（利润表）
2015 年　　　　　　　　　　　　　（单位：万元）

项目	本年数	上年数
一、营业收入	3 000	3 400
减：营业成本	2 000	2 200
营业税金及附加	200	250
管理费用	260	300
销售费用	200	300
财务费用	200	40
资产减值损失	100	20
加：公允价值变动损益		
投资收益	50	80
二、营业利润	90	370
加：营业外收入		0
减：营业外支出	10	

(续)

项目	本年数	上年数
三、利润总额	80	370
减：所得税费用		92.5
四、净利润	80	277.5
五、其他综合收益	10	
六、综合收益合计	90	277.5

（2）假设有个企业向你借钱，你最想知道的可能是这个企业是否能还上你的钱（见图2-2），因此，你会十分关注这个企业的资产和负债情况。为了满足你的决策需求，财务会计要把企业的资产情况（钱财料物等各项资产的余额是多少）和资产的来源（负债和所有者权益各是多少）编制成资产负债表（简化样式见表2-2），向你报告企业的财务状况。有了这些或许你还不放心，毕竟有些资产变成现金还是有不确定性的，于是财务会计又需要编制现金流量表（简化样式见表2-3），反映企业资金的来源和去向。

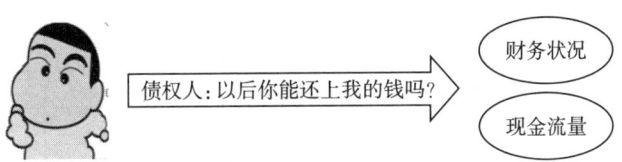

图2-2　债权人需要的财务信息

表2-2　资产负债表
2015年12月31日　　　　　　　　　　（单位：万元）

资产项目	年初数	年末数	负债及所有者权益	年初数	年末数
流动资产			流动负债		
货币资金	1 000	500	短期借款	100	400
交易性金融资产	500	100	应付账款	100	100
应收账款	800	900	预收账款	0	0
预付账款	0	0	应付职工薪酬	400	300
存货	800	600	应交税费	500	500
其他流动资产	0		应付利息	10	30
流动资产合计	3 100	2 100	流动负债合计	1 110	1 330

(续)

资产项目	年初数	年末数	负债及所有者权益	年初数	年末数
非流动资产			非流动负债		
长期股权投资	400	500	长期借款	100	1 390
投资性房地产	500	300	预计负债		
固定资产	3 000	2 000	非流动负债合计	100	1 390
在建工程	100	2 500	负债合计	1 210	2 720
			所有者权益		
无形资产	100	100	实收资本	1 000	1 000
其他非流动资产			资本公积	2 000	2 000
			盈余公积	500	500
非流动资产合计	4 100	5 400	未分配利润	2 490	1 280
			所有者权益合计	5 990	4 780
资产总计	7 200	7 500	负债及所有者权益	7 200	7 500

表 2-3 现金流量表
2015 年 （单位：万元）

项目	本年数	上年数	项目	本年数	上年数
经营活动			支付投资等		
销售商品、提供劳务收现	2 900		购建固定资产、无形资产	2 400	
收到其他			支付其他	200	
流入小计	2 900		流出小计	2 600	
采购商品、劳务	1 000		投资活动现金净流量	-1 650	
支付工资	1 400		筹资活动		
支付其他	540		股权性筹资		
流出小计	2 940		债权性筹资	1 290	
经营活动现金净流量	-40		流入小计	1 290	
投资活动			偿还债务		
处置长期投资等	100		支付股利或利息	100	
处置固定资产、无形资产等	800		流出小计	100	
收到股利、利息	50		筹资活动现金净流量	1 190	
流入小计	950		现金及现金等价物增加额	-500	

（3）假设你是政府官员，你就要考虑维护国家的安全和社会的经济秩序，还要帮助弱势群体、资助教育，这些都需要花钱呀，而政府可持续性收入主要来源于税收。在我国，税收主要是企业缴纳的，政府要多了，企业的日子就过不下去，要少了，政府的日子也不好过。

这就得根据企业的收益状况和现金流（有利润不一定有钱）情况征税，这样才能保证企业和政府都过得下去。而且，为了保证经济的持续发展，克服市场调节的盲目性，政府还需要制定经济政策，这个也需要了解企业的财务状况（见图 2-3）。因此，政府需要了解企业的财务状况、经营成果和现金流量，就要求企业定期向政府的相关部门（税务等机关）提供财务报表。由于我国的特殊国情，实际上是以发票征税，对小企业不要求提供现金流量表。

图 2-3　政府需要的财务信息

由上，我们可以看出，为了满足股东投资决策、债权人的放贷决策和政府征税等决策，财务会计人员需要编制三大财务报表，而为了编制这三大财务报表，财务会计就需要记录企业的资产、负债、所有者权益变化，以便反映企业的财务状况；还需要记录企业的收入、费用、利润的变化，以便反映企业的经营成果。这六个方面是构成会计报表的主要内容，也是会计六要素。

另外，企业经营成果（综合收益表）的变化会体现在企业财务状况（资产负债表）的变化上，比如餐馆要是经营得好、利润多，该企业的资产和所有者权益就会增加，负债就有可能变少，财务状况就会变好；餐馆要是经营不好、亏损很多，这个企业的资产和所有者权益就有可能变少，负债变多，财务状况就会变坏，甚至破产。

同理，现金流量的变化也会体现在资产负债表上。比如，餐馆现金流量表中筹资活动筹来的资金较多，在资产负债表上的资产和负债、所有者权益中的资金就会增加。因此，可以说**综合收益表和现金**

流量表是资产负债表的解释，解释了资产负债表期初余额和期末余额变化的原因。

☆ 本章要点

财务会计目标（满足报表使用者需求） → 会计报表（资产负债表、综合收益表、现金流量表） → 会计（报表）六要素（资产＝负债＋所有者权益；收入－费用＝利润）

☆ 考考你

不定项选择题

1. 反映财务状况的要素为（   ）。
   A. 收入　　　　B. 费用　　　　C. 利润　　　　D. 所有者权益

2. 反映经营成果的会计要素是（   ）。
   A. 资产　　　　B. 负债　　　　C. 利润　　　　D. 费用

3. 财务会计的目标是（   ）。
   A. 保证财富的安全
   B. 对经济活动进行监督
   C. 满足企业管理者的决策需求
   D. 满足报表使用者的决策需求

4. 构成利润表的要素是（   ）。
   A. 所有者权益　　B. 资产　　　　C. 收入　　　　D. 利润

5. 财务报表能反映（   ）。
   A. 财务状况　　B. 成本费用　　C. 现金流量　　D. 经营成果

6. 下列说法正确的有（   ）。
   A. 企业的所有活动，会计都需要记录
   B. 只记录资产和负债的变化
   C. 需要记录影响企业财务状况报表要素变化的活动
   D. 需要记录影响企业经营成果要素变化的活动

7. 根据会计的服务主体不同，会计分为（　　）。

　　A. 管理会计　　　　　　　　B. 财务会计

　　C. 行政事业单位会计　　　　D. 企业会计

✩ 答案

不定项选择题

1. D
2. CD
3. D
4. CD
5. ACD
6. CD
7. CD

Chapter 3
第三章

财务报表与会计账户

账簿几时有，
把酒问古人。
不知结绳古账，
今为证账表？
我欲全面核算，
又恐会计要素，
笼统不细致。

要素分账户，
借贷伴左右。
资负所，
收费利，
成体系，
具体形式，
三栏多栏及数量。

——改自苏轼《水调歌头·丙辰中秋》

为了满足股东和债权人的需求，财务会计需要提供财务报表，而财务报表是根据会计账簿编制的，那会计账簿又是如何产生的呢？

一、证账表的关系：不知结绳古账，今为证账表

大家还记得原始社会时，人们用于记录劳动成果的绳子吗？不要小看那绳子，它可是身兼数职的。首先，把所有绳子汇总在一起，就能帮助当时的人们做出储存多少、分配多少食物的决策，这就是财务报表的功能。其次，每一根绳子都记载一类劳动成果增加变化，反映当时的经济活动，这就是账簿的功能。最后，每结一个大疙瘩，或者解一个大疙瘩就证明增加或者减少一个物品，实际上也起到凭证的作用。由此可见，那个绳子兼有现代会计中会计凭证、会计账簿和财务报表的功能。也说明了财务报表是根据会计账簿汇总编制的，会计账簿是通过会计凭证记录经济活动的载体。

二、计量单位：货币

早期的人类账簿简单粗糙。两河流域的苏美尔人就把当时的劳动记录在泥巴上（要烧制好储存的），殷商时期的人则刻在龟甲上。当时，不同物品所用的计量单位也不一样，比如记录粮食可能用"斗"作单位，记录打到的兔子可能用只。这就导致了不同账簿无法进行汇总和比较，也就无法编制报表，这让当时的奴隶主们非常头疼，他们很难知道自己有多少财富。后来，货币诞生了，官厅会计和账房先生们就将每种物品折合成货币给予计量，这样就可以将不同货物账通过货币汇总成报表了（见图3-1）。由此，货币成了会计账簿的主要记录

单位，其他实物计量单位只起辅助作用。为此，我国财政部门在20世纪80年代规定，会计中"帐"统称为"账"。

图 3-1 古代的账簿

三、记录对象：账户的名称（科目）

（一）我欲全面核算，又恐会计要素，笼统不细致

早期人们记录的对象是比较简单的，仅限于满足人们日常需求的重要物品，比如银子、金子、粮食、布匹等资产项目。到了近代社会，物品种类繁多，企业需要借款和向股东筹资，企业会计不仅需要记录具体的资产项目，还需要记录这些资产项目归谁享有、来源渠道。这就需要对负债和所有者权益的具体项目建立账簿。另外，由于股东和债权人十分关注企业利润，财务会计就要对收入、费用和利润的具体项目分别建账。由此，可以看出会计账户是依据报表六要素建立的，是六要素的具体化。

（二）账户的设置：资负所，收费利，成体系

由于现代企业的类型众多，产品和服务种类更加繁多，为了核算

对象更加清晰,就需要建立多级次的会计账户体系。假设现在需要给一家商店建立账户体系,首先会计要考虑报表六要素中的六大方面,分别对每一个要素进行第一级分类,也就是建立一级账户,比如对于小商店可以建立以下账户:

☞资产方面,可以建立库存现金、银行存款、库存商品、固定资产等一级账户。

☞负债方面,可建立短期借款(向银行的借款)、应付账款(购货未付的款项)、应付职工薪酬(欠员工的薪酬)等一级账户。

☞所有者权益方面,可建立实收资本(股东投入的资本)、利润分配(需要分配的企业经营收益)等一级账户。

☞收入方面,可建立主营业务收入(商店销售商品取得收入)、其他业务收入(如帮助厂家促销取得收入)等一级账户。

☞费用方面,可建立主营业务成本(销售商品的成本)、其他业务成本、营业税金及附加、管理费用、销售费用等一级账户。

这些对六要素的一级分类账户也叫"总分类账户",这些账户的名称叫作"一级科目"或者"总账科目"。为了便于不同企业进行比较,我们国家财政部门统一规定了一级科目的名称(详见第六章货币资金演绎与资金运动)。

实际上,仅有这些一级账户也太笼统了,不能满足企业核算需求。比如商店中的库存商品,就可以分为食品类、饮料类、日杂类等,这些对六要素的二级分类的账户名称就叫作"二级科目"。同理,食品类还可以再分为面包和麻花等,这级分类的账户名称就叫作"三级科目",以此类推,企业可以根据需要分到四级科目、五级科目等。如果将每一级会计科目加上结构就是每一级账户,企业所有的账户构成企业的账户体系。总账科目和明细账科目的关系见表3-1。

表3-1　总账科目和明细账科目的关系　　　（单位：万元）

总账科目	明细账科目			
一级科目	二级科目	三级科目	四级科目	……
库存商品（100）	食品类（50）	面包（30）	水果面包（10） 其他面包（20）	
		麻花（20）		
	饮料类（30）	矿泉水等（30）		
	日杂类（20）	手巾等（20）		

通过表3-1我们可以看出，明细账户解释和说明了总账账户。例如，总账科目"库存商品"一共有100万元，明细账户就解释为：食品类50万元，饮料类30万元，日杂类20万元。同理，所有下级账户都是上级账户的解释和说明。而总账账户又统驭和控制明细账户。例如，总账账户"库存商品"是100万元，明细账户的金额合计也一定是100万元。同理，所有的下级账户的金额合计都等于所属上级账户的金额。

那么，会计又是如何建立企业的账户体系呢？

☞首先要考虑的是**总账账户**的合法性和相关性，就是根据企业的业务需要选择国家规定的账户。规模较大的企业依据《企业会计准则》要求的科目表设置，中小企业可以依据《小企业会计准则》中的要求设置。例如，假设涛涛小超市不允许赊账，那么小超市的会计建立账户体系的时候就不用设立"应收账款"账户（主要用来记录客户的赊销），因为超市没有生产制造，也不用设立"生产成本"账户。

☞其次，要根据相关性和实用性设计**明细账户**的层次和数量。虽然明细账户层次越多，核算就越详细，但是工作量也越大，核算成本也越高，因此，明细账户的层次以满足企业的管理需要为准，不能层次太少，核算太笼统，也没必要层次太多，不然就得多雇几个会计，产生不必要的支出。

☞最后，**总账的名称在我国是国家统一规定的，明细账的名称由企业自行设定**。设置的主要依据是相关性和重要性。对于实物资产类账户，人们主要关注的是物品的使用功能，一般就按"物名"设置明细账（见表3-2）。例如，库存商品的明细账名称可以为面包、麻花、矿泉水、手巾、牙膏等。对于债权、债务、资本类账户，人们主要关注的是需要由谁来偿还（债权），需要偿还给谁（债务），是谁投入的（资本），因此，一般采用"人名"作为明细账户的名称。例如，应收账款的明细账户名称一般为甲公司、乙公司、丙公司等。对于收入、费用、成本等账户，人们主要关注的是收入、成本费用的构成因素和性质，因此，一般按构成的性质设置明细账户。例如，管理费用的明细账一般为工资薪酬、办公费、业务招待费、折旧、差旅费、税金、其他等。同时，对于一些金额比较小的核算对象，由于不具有重要性，为了降低核算成本，可以合并成一个明细账户。例如，生产车间中消耗的各种润滑油和维修材料可以合并成"机物料"账户。另外，也可以设置"其他"账户统一核算金额较小的核算对象。

表3-2 明细账户设置依据（涛涛超市）

设置依据	适用范围	总账科目（举例）	明细账科目（举例）
物品名称	实物资产	库存商品 固定资产	面包、麻花、牙膏 货车、大货架
人（法人）名称	债权、债务、资本	应收账款 应付账款 实收资本	客户甲、客户乙 供应商甲、供应商乙 投资人甲、投资人乙
构成的因素（性质）	收入、成本、费用等	主营业务收入 主营业务成本 管理费用	面包收入、麻花收入 面包成本、麻花成本 薪酬、办公费

四、账户的结构：要素分账户，借贷伴左右

账户是用来记录具体会计对象，实际上就是像库存现金、原材料、库存商品等会计科目的增减变化的。试想一下，要是将库存现金等科目的增加和减少都记录成一栏（列），要统计当期一共增加了多少、减少了多少，就得先区分哪些是增加的、哪些是减少的，很不方便。因此，为了便于统计，需要将会计账户分成左右两个部分，一个部分记录增加，一个部分记录减少，账户左边的部分叫作借方，账户右边的部分叫作贷方（在这里，借贷只是表示方向的符号）。用简易的丁字账表示，如图3-2所示。

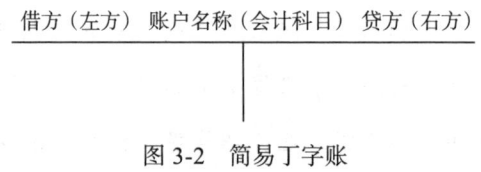

图 3-2　简易丁字账

五、账户的表现形式：账簿

图3-2中的简易账户太抽象，在企业中，不仅要记录经济活动的增加额、减少额，还要记录活动发生的日期、活动的内容（摘要），以及活动依据（凭证的种类和号数）。将丁字账具体化就叫作账簿（见图3-3）。

由于不同账户性质不同，所以具体表现形式也有所不同。例如，总分类账户是一个总括的指标，如库存商品，可能包含面包、矿泉水、手巾等，它们具体实务计量单位不一致，只能用货币汇总变现，所以只能采用三栏式账簿。

图 3-3 账簿样式

☞明细账户中的债权、债务和资本是按人名设置明细的，也没必要用实物单位表示，所以也采用三栏式明细账（见表3-3）。

☞明细账户中的原材料和库存商品是按物名设置明细的，为了保证资产安全，便于和库管对账，应该采用数量金额式明细账（见表3-4）。

☞明细账户中的收入、费用和成本是按照发生性质设置账户的，和利润关系密切，为了便于分析，应该采用多栏式明细账（见表3-5）。

表 3-3 三栏式明细账

二级科目 应收账款 蓝天集团

16年 月 日	凭证 字号	摘要	借方金额	贷方金额	借或贷	余额
12 01	—	期初余额			借	11 700.00
12 03	记02	收到前欠货款		11 700.00	平	0
12 21	记23	赊销商品	23 400.00		借	23 400.00

表 3-4 数量金额式明细账

二级科目 原材料 A材料 （单位：千克）

16年 月 日	凭证 字号	摘要	收入 数量	收入 单价	收入 金额	发出 数量	发出 单价	发出 金额	结存 数量	结存 单价	结存 金额
12 01	—	期初余额							5 000	6.00	30 000.00
12 02	记01	生产车间领用材料				3 000	6.00	18 000.00	2 000	6.00	12 000.00
12 12	记14	购进原材料	800	6.00	4 800.00				2 800	6.00	16 800.00
12 20	记22	生产车间领用材料				1 000	6.00	6 000.00	1 800	6.00	10 800.00
12 28	记32	购进原材料	900	6.00	5 400.00				2 700	6.00	16 200.00

表 3-5 多栏式明细账

生产成本
二级科目甲产品
（单位：件）

16年 月/日	凭证字号	摘要	合计 (亿千百十万千百十元角分)	直接材料 (万千百十元角分)	直接人工 (万千百十元角分)	制造费用 (万千百十元角分)
12/01		期初余额	4 8 0 0 0 0	2 4 0 0 0 0	1 8 0 0 0 0	6 0 0 0 0
02/22	记01	领用材料	1 8 0 0 0 0	1 8 0 0 0 0		
20/22	记22	领用材料	6 0 0 0 0	6 0 0 0 0		
31/34	记34	计提生产人员工资	2 2 0 0 0 0		2 2 0 0 0 0	
31/35	记35	分配制造费用	8 0 0 0 0			8 0 0 0 0
31/36	记36	结转完工产品成本	1 0 2 0 0 0 0	4 8 0 0 0 0	4 0 0 0 0 0	1 4 0 0 0 0

成本项目

☆ 本章要点

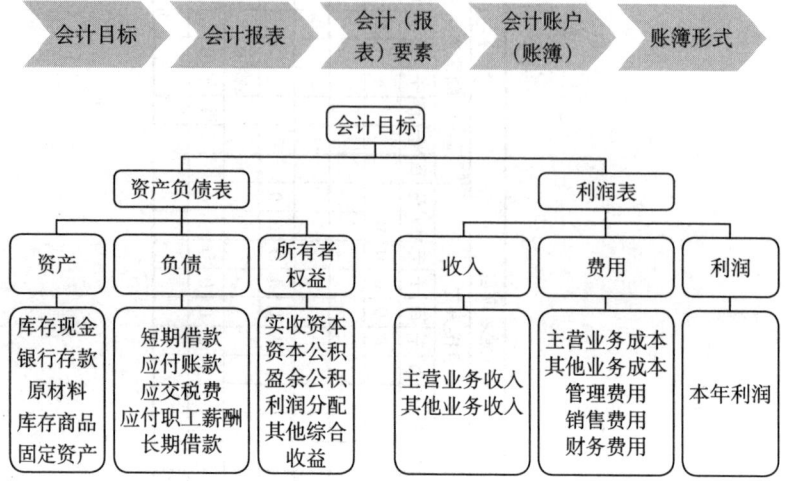

☆ 考考你

不定项选择题

1. 会计科目是对（　　）的分类。

   A. 会计对象　　B. 会计要素　　C. 财务报表　　D. 会计账户

2. 下列哪些属于资产类账户？（　　）

   A. 固定资产　　B. 库存商品　　C. 实收资本　　D. 主营业务收入

3. 关于会计科目和会计账户，下面说法正确的有（　　）。

   A. 两者的核算内容和口径一致

   B. 两者没有任何区别

   C. 会计账户是根据会计科目设置的

   D. 两者的区别是会计账户有结构，会计科目没结构

4. 会计账户和会计账簿的关系：（　　）。

   A. 会计账户是实质　　　　　B. 会计账簿是形式

   C. 会计账户是形式　　　　　D. 会计账簿是实质

5. 会计账户的（　　）。

   A. 左边叫作借方　　　　　　B. 右边叫作贷方

C. 借方表示企业借款 D. 借方和贷方只是方向的符号

6. 采用三栏式账户的有（　　）。

   A. 管理费用总账 B. 实收资本明细账

   C. 应收账款明细账 D. 原材料明细账

7. 采用数量金额式账户的是（　　）。

   A. 原材料总账 B. 原材料明细账

   C. 管理费用明细账 D. 主营业务收入明细账

8. 采用多栏式账户的有（　　）。

   A. 原材料总账 B. 原材料明细账

   C. 管理费用明细账 D. 主营业务收入明细账

9. 总分类账户和明细账户的关系：（　　）。

   A. 总账统驭和控制明细账

   B. 明细账解释和说明总账

   C. 明细账金额的合计等于所属总账科目

   D. 总账科目和明细账科目没关系

答案

不定项选择题

1. B
2. AB
3. ACD
4. AB
5. ABD
6. ABC
7. B
8. CD
9. ABC

Chapter 4
第四章

会计账簿与会计记录

不是爱借贷，

似被增减误。

或左或右终有时，

总赖平衡主。

借（多）也资费成，

贷（多）也负所收。　　（第一铁律）

若待虚账结转时，　　（第三铁律）

莫怨奴归零。

——改自南宋严蕊《卜算子·不是爱风尘》

一、记账方法的渊源：不是爱借贷，似被增减误

上一章我们介绍了财务会计需要根据报表的六要素建立会计账簿，那我们应该如何登记账簿呢？还是从原始人那些绳子说起。那些绳子就是原始人的账簿，登记方法就是增加的时候在上面结个大疙瘩，减少的时候解开大疙瘩。这个方法现在四五岁的孩子都会。随后，绳子演变成了苏美尔人的泥巴或者殷商人的龟甲，估计就是在上面画道道，画一些线条表示增加，另一些线条表示减少。估计那个时候，中国人还不知道"+"和"-"这两个符号，只好把增加和减少分开写，中国人的习惯是上面写增加、下面写减少（天收地付，见图4-1），欧洲人的习惯是左边记录增加、右边记录减少。

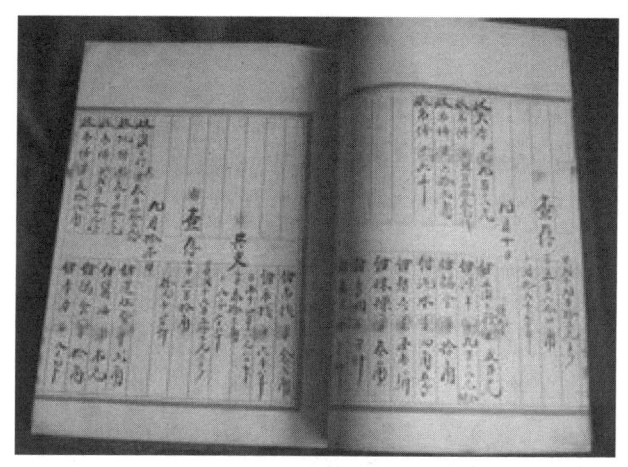

图 4-1 天地账

二、借贷记账法

（一）借贷记账法起源：或左或右终有时，总赖平衡主

这样好好地记录了几千年，到了14世纪的时候被意大利的银行

家给弄乱了,具体他们怎么弄乱的我就不详细介绍了。大家可以想象,银行的核算对象主要是存款人和借款人的资金,**存款(对于银行来说是债务)**一增加,资金就多了,借款(对于银行来说是债权)一增加,资金就少了。为了和资金对应,借款人增加借款(债权)时,就记录在左边,后来干脆叫作借方;存款人增加存款(债务)时,就记录到右边,后来直接叫作贷方。这样就演化成了债权(资产)增加记录在借方(左边),债务(负债和所有者权益)增加记录在贷方(右边)。

(二)借贷记账法的规则:借(多)也资费成,贷(多)也负所收

15世纪,有个叫卢卡·帕乔利的数学家(见图4-2),他仔细研究了一下这种方法,发现这种方法太美了,与"**资产 = 负债 + 所有者权益**"的等式可以完美结合,等式左边资产类账户增加记录到左边(借方),等式右边的账户增加记录到右边(贷方),无论发生什么,经济活动两边都是平衡的。于是,借贷记账法就诞生了。

图 4-2 卢卡·帕乔利和《簿记论》

随着商品经济的发展,企业越来越重视收入和费用,于是把收入

和费用从所有者权益类分出来，形成了会计第二等式"**收入－费用＝利润**"。连接两个等式后得到：资产＝负债＋所有者权益＋收入－费用。我们用小学的数学知识，把费用移到左边，就会出现"**资产＋费用＝负债＋所有者权益＋收入**"，于是乎，**等号左边的"资产类账户和费用类账户"，其增加就记录到左边（借方），减少只能记录到右边（贷方）；等式右边的"负债类账户、所有者权益类账户和收入类账户"，其增加就记录到右边（贷方），减少只能记录到左边（借方）。**

这样根据借贷法，我们在记录企业经济活动的时候就得牢记：**资产、费用类账户，增加写借方（左边），负债、所有者权益、收入类账户，增加写贷方（右边）。**这是账户属性，也是判断账户方向最主要的基本规则，**我们把它称为判断账户方向的第一铁律。**

[例 4-1] 涛涛餐馆从方正食品厂赊购 10 000 千克高粱，每千克 4 元。高粱属于餐馆的材料，材料属于资产，根据上面的规则，资产增加记录借方（左边），于是在"原材料——高粱"账簿的左边（借方）记录 40 000 元；同时由于赊购，涛涛餐馆又对方正食品厂形成了 40 000 元的负债，负债增加写贷方，就需要在"应付账款——方正食品厂"右边（贷方）记录 40 000 元。简易的记账方法如图 4-3 所示。

图 4-3　简易的借贷记账方法

通常企业发生经济活动后，需要先暂时记录在记账凭证上（西方叫作分类日记账），以便之后根据记账凭证登记账簿。记账凭证如图 4-4 所示。

记账凭证

××年9月23日　　　　　　记字第　号

摘要	总账科目	明细科目	记账√	借方金额 千百十万千百十元角分	记账√	贷方金额 千百十万千百十元角分	附件
赊购高粱	原材料	高粱		4 0 0 0 0 0 0			2张
	应付账款	方正食品厂				4 0 0 0 0 0 0	
合计				¥ 4 0 0 0 0 0 0		¥ 4 0 0 0 0 0 0	

核准：李海　　复核：郭平　　记账：肖南　　　　　制单：肖南

图4-4　记账凭证

在学习中，可以将记账凭证简写成会计分录，如下所示：

借：原材料——高粱　　　　　　　　　40 000

　　贷：应付账款——方正食品厂　　　　　　　　40 000

会计分录的书写规则是上借下贷，左右错开。

三、借贷记账法应用案例

温馨提示，以下案例略有难度，理解困难的读者，可以看完第七章后，回头再看，估计会有"蓦然回首，那人却在，灯火阑珊处"的感觉。

下面，我们就以涛涛餐馆为案例，应用一下"蹩脚"的借贷记账法吧。

[例4-2] 2016年5月1日，老人家投资10万元银行存款，成立了涛涛餐馆，假设你是涛涛餐馆的会计（属于增值税小规模纳税人），你该如何用借贷语言记录呢？

解析： 本业务中，显然餐馆银行存款多了，银行存款属于资产类，根据"第一铁律"，增加应该记录在借方，那银行存款来自何方呢？是股东投入的，对于餐馆来说就是实际收到初始资金，会计科目名为"实收资本"，属于所有者权益，所有者权益增加记录在贷方。故分录为：

  借：银行存款   100 000

    贷：实收资本——老人家   100 000

    （登记账簿部分略，以下同）

[例 4-3] 5 月 2 日，用支票购买 2 万元的做饭设备。

解析： 设备属于固定资产，根据"第一铁律"，增加记在账户的左边（借方），银行存款也属于资产，减少记在贷方。

  借：固定资产——设备   20 000

    贷：银行存款   20 000

[例 4-4] 5 月 3 日，用支票支付房租 10 000 元。

解析： 房租一般属于管理费用，根据"第一铁律"，应记录在借方，银行存款属于资产，减少应记录在贷方。

  借：管理费用——房租   10 000

    贷：银行存款   10 000

[例 4-5] 从美味超市赊购菜 10 000 元、米 10 000 元、油 10 000 元。

解析： 赊购就是购买的时候没有付款。显然，一方面，菜、米等材料增加了，另一方面，负债增加了，根据"第一铁律"，分录如下：

  借：原材料——菜   10 000

      ——米   10 000

      ——油   10 000

    贷：应付账款——美味超市   30 000

[例 4-6] 当月销售额为 103 000 元,其中不含增值税收入是 100 000 元,3 000 元为增值税,都存入银行。

解析: 企业收到银行存款属于资产增加,记录到借方,资金来源于提供餐饮服务收入(100 000 元)和对税务局的负债(未交增值税 3 000 元),根据"第一铁律",分录如下:

借:银行存款　　　　　　　　　　　　　103 000
　贷:主营业务收入——餐饮收入　　　　　　　100 000
　　　应交税费——未交增值税　　　　　　　　　3 000

备注: 根据税务相关规定,无论企业销售货物、劳务还是服务都需要缴纳增值税,对于增值税小规模纳税人:

应缴纳的增值税 = 不含税收入 × 税率(统一为 3%)

涛涛餐馆当月不含税收入为 100 000 元,因此,需要计提 3 000 元增值税。由于这个税金通常要在次月 15 日前申报缴纳,销售当期还没有缴纳,故对税务局的负债增加,因此,"应交税费——未交增值税"应记录在贷方。增值税的具体原理及会计处理比较复杂,具体见第十三章增值税。

收入和费用实质都是所有者权益的组成部分,由于股东十分关注,所以在会计核算期中从所有者权益中单独分类出来,期末还要结转到所有者权益类账户的本年利润账户中,没有余额。 西方会计认为收入和费用账户是虚账户,15 世纪卢卡先生发明复式记账法的时候,还没有股份制公司,企业会计主要是区分股东自己的和借入的,当时只有资产、负债、所有者权益账户,这些账户叫作实账户,后来由于股份制公司的产生,为了核算利润(给股东分红),会计们就设置了收益类和费损(费用和损失,下同)类账户。

现在看，虚账户实际上是一种过渡类账户，过渡类账户是为了满足相关方的信息需求而设置的中间账户，通常是要素属性不确定的账户。比如商品盘亏了，如果领导要求责任人偿还，以后可能还是一项资产，如果领导批准计入管理费用，以后就是费用了。因此，**这类账户不能通过自身的增减来确定方向，这样，第一铁律就不适用于此类账户了，但是这类账户发生的时候会涉及对方账户，可以先确定对方账户的方向，再确定过渡性账户的方向**。

这类账户的记账方向具体的确定方法如下：

☞**涉及过渡类账户发生时，通常看对方账户的方向**，如果对方在借方，过渡性账户只能在贷方，如果对方账户在贷方，过渡性账户只能在借方（这个我们称之为**判断账户方向的第二铁律**）。

例如，涛涛餐馆在期末对账的时候进行盘点，如果原材料盘亏（实际的比账面的少）了100元，就得减少账面材料，但是领导还没有批准盘亏如何处理（是让库管员赔偿，还是当作正常损耗计入费用），就需要使用"待处理财产损益——待处理流动资产损益"账户，这个账户也是过渡性账户，会计在编制记账凭证的时候需要先确定对方账户（原材料账户）的方向，原材料账户减少应记录到贷方，待处理财产损益账户只能被挤到借方了（有借必有贷）。分录为：

借：待处理财产损益——待处理流动资产损益　　100
　　（依据对方方向确定）

贷：原材料　　　　　　　　　　　　　　　　　100
　　（先确定该账户方向）

如果公司领导经过调查，认为是库管员疏于职守导致材料盘亏，决定由库管员赔偿，这样根据公司领导决定，库管员在未交赔偿款前，公司增加收取库管员赔偿的权利，即其他应收款，其他应收款属于资产，增加记录在借方，待处理财产损益账户就只能在贷方了。分录为：

借：其他应收款——库管员　　　　　　　　100

　　（先确定该账户方向）

　贷：待处理财产损益——待处理流动资产损益　　100

　　（根据对方账户确定方向）

☞结转时（减少时）和发生时的方向相反。**通常这种情况下，双方都是过渡性账户，这时候第一铁律和第二铁律都不适用了，只能先区分谁是转出方账户，谁是转入方账户。由于转出方账户一定会和它发生时候的方向相反，这样就可以先确定转出方的方向，再倒挤转入方的方向——判断账户方向的第三铁律。**

例如，将主营业务收入结转到本年利润中，涉及主营业务收入和本年利润的账户都是过渡性账户，根据第三铁律，就要先确定转出账户——主营业务收入的方向。由于收益平时增加记录在贷方，转出主营业务收入就要记录到借方，本年利润账户（转入账户）就只能记录到贷方（举例见例4-10）。

[例4-7] 当月消耗菜10 000元、米5 000元、油5 000元用于做餐。

解析： 主营业务成本是为了取得营业收入付出的代价，属于费用，根据第一铁律，增加记录在借方。

借：主营业务成本——材料成本　　　　　　20 000

　贷：原材料——菜　　　　　　　　　　　10 000

　　　　　——米　　　　　　　　　　　　5 000

　　　　　——油　　　　　　　　　　　　5 000

[例 4-8] 当月管理人员工资为 5 000 元，厨房大师傅工资为 10 000 元，工资本月未发。

解析： 员工的薪酬属于企业的利益流出，属于费用。厨师工资是取得营业收入的直接代价，故计入主营业务成本，管理人员工资计入管理费用，工资未发属于负债。

借：主营业务成本——薪酬成本　　　　　10 000
　　管理费用——薪酬　　　　　　　　　　5 000
　　贷：应付职工薪酬——工资　　　　　　　　　15 000

[例 4-9] 计提营业税金及附加，城建税是流转税（增值税＋消费税）合计的 7%，教育费附加是流转税合计的 3%，地方教育费附加是流转税合计的 2%（根据例 4-6 已知，不含增值税的收入是 100 000 元）。

增值税 = 不含税收入（100 000）×3%=3 000（元）

由于本企业没消费税，则：

城建税 = 流转税（3 000+0+0）×7%=210（元）

教育费附加 = 流转税（3 000+0+0）×3%=90（元）

地方教育费附加 = 流转税（3 000+0+0）×2%=60（元）

由于增值税已经在销售的会计处理中从收入中计提（实际上减少收入），就不能再计入费用（营业税金及附加）中，因此，营业税金及附加 =210+90+60=360（元）。

营业税金是企业的一项费用，增加记录在借方，税金通常是下月缴纳，负债增加记入贷方。

借：营业税金及附加　　　　　　　　　　360
　　贷：应交税费——城建税　　　　　　　　　　210

——教育费附加　　　　　　　　　　　　　　90

——地方教育费附加　　　　　　　　　　　60

实际上，设置应交税费账户，主要是为了方便税务机关了解企业应交税款（应交税费贷方）和企业实际缴纳的税款（应交税费借方），同理，员工薪酬等也是要通过应付职工薪酬账户计提。因此，企业在缴纳税款的时候就**不能**：

借：营业税金及附加

　贷：银行存款

[例4-10] 结转期间损益。

解析：期末，为了核算盈亏，需要将所有的损益类（收入和费用）账户结转到本年利润账户，抵消后形成利润（由于此时还没计算出利润，通常费损结转时缺少所得税费用）。根据第三铁律，分录如下。

（1）结转收益：

借：主营业务收入　　　　　　　　　　　100 000

　　（金额来自于丁字账汇总的贷方发生金额）

　贷：本年利润　　　　　　　　　　　　100 000

　　（转入方，方向依据对方，金额取自转出方）

结转收入时，收入账户中的金额转出（减少），根据收益账户减少记录在借方，利润属于所有者权益，增加记录在贷方。

（2）结转费损：

借：本年利润　　　　　　　　　　　　　45 360

　　（转入方，方向依据对方，金额取自转出方）

　贷：主营业务成本　　　　　　　　　　30 000

　　（金额来自丁字账汇总的借方发生金额，下同）

　　营业税金及附加　　　　　　　　　　360

管理费用   15 000

结转费用损失时，费用损失账户的金额减少，记录在贷方，费用转入利润，导致所有者权益减少，记录在借方。

本年利润账户贷方是转入的收入 100 000 元，借方是转入的费损共 45 360 元，贷方余额为 54 640 元，为当期的税前利润。

[例 4-11] 计提所得税。

解析：税法规定，企业的盈利要根据应纳税所得额缴纳所得税，小微企业的税率是 20%，一般企业的税率是 25%。本企业需要缴纳的所得税 =54 640×25%=13 660（元）。

通常是下期缴纳。分录为：

借：所得税费用   13 660

 贷：应交税费——企业所得税   13 660

[例 4-12] 结转所得税费用。

解析：所得税费用也是一种费用，要结转到本年利润账户中。

借：本年利润   13 660

 贷：所得税费用   13 660

[例 4-13] 结转本年利润。

解析：本年利润账户，顾名思义，它的核算周期只有一年，到年底应结转到利润分配账户里（赚了钱就要分，亏了钱也得分损失）。根据第三铁律，如果本年利润账户的余额在贷方，为使其期末余额为零，结转的时候本年利润账户只能记录在借方，利润分配则在贷方。反之亦然。

根据本年利润的丁字账，本期企业贷方是 100 000 元，借方分别是 45 360 元（见例 4-10）和 13 660 元（见例 4-11），贷方余额=

100 000-45 360-13 660=40 980（元）。分录为：

借：本年利润 40 980

（先判断转出方的借贷，与原余额方向相反，金额取自账户余额）

贷：利润分配——未分配利润 40 980

（转入数，取自对方）

[例 4-14] 利润分配。

解析：公司董事会决定，按照弥补亏损后的净利润的10%计提法定盈余公积，按净利润的20%宣告分配现金股利。

由于涛涛餐馆没有以前年度的亏损，则：

法定盈余公积 =40 980×10%=4 098（元）

应付现金股利 =40 980×20%=8 196（元）

本题涉及"利润分配——计提法定盈余公积"和"利润分配——应付现金股利"两个明细科目。在利润分配账户的明细账户中，只有未分配利润这个明细账户是实账户，其他的利润分配账户都是过渡性账户。因此，根据第二铁律，要看对方科目来确定这两个科目的方向。也就是先确定盈余公积和应付股利账户的方向，由于盈余公积属于所有者权益，应付股利属于负债，增加记录在贷方，因此，利润分配账户只能在借方。

借：利润分配——计提法定盈余公积 4 098
　　　　　　——应付现金股利 8 196

贷：盈余公积——法定盈余公积 4 098
　　应付股利 8 196

[例 4-15] 结转利润分配明细。

解析：要将利润分配中的过渡性明细账户结转到"利润分配——未分配利润"中，**方向的确定方法为第三铁律**。先确定转出账户利润分配——计提法定盈余公积和利润分配——应付现金股利的方向，这两个账户余额目前在借方，转出时就得记录在贷方，那么未分配利润账户就只能在借方。

借：利润分配——未分配利润　　　　12 294

（转入方，方向依据对方）

贷：利润分配——计提法定盈余公积　　　4 098

（转出方，方向与余额相反）

　　　——应付现金股利　　　　8 196

（转出方，方向与余额相反）

将收入和费用通过本年利润放到利润分配——未分配利润中。去除给股东分红部分，剩下的未分配利润和盈余公积就是留在企业中的盈余（或亏损），简称留存收益。留存收益（企业赚来的）和实收资本（股东投入的）以及资本公积（主要也是股东投入的）共同构成所有者权益。

然后根据分录，登记丁字账，根据资产、负债、所有者权益账户余额编制资产负债表，以反映企业的财务状况，根据收入、费用账户的发生额编制综合收益表（利润表），以反映企业的经营成果。

整个过程见图 4-5。

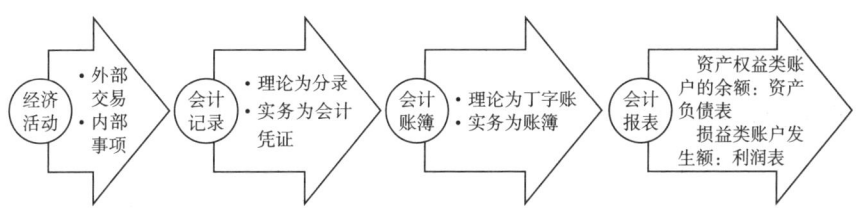

图 4-5　从经济活动到会计报表

初学者晕了吧？别灰心，这不是一天两天能学会的，慢慢体会判断借贷方向的三大铁律的妙用吧，逐步学习会计科目，由量变到质变，自然就会了。我把这些都弄明白也耗用了几年的时间，所以我也"恨死"那个发明借贷记账法的意大利人了。

这借贷记账法可苦了咱们中国人了，很多会计初学者就被这个"借""贷"给弄晕了，其实中国人自己弄的"天地账""四角账""增减记账法"都不比这个借贷记账法差，这是我亲自对几种方法平衡性验算了两个多小时得出的结论。现在我们之所以被迫用"借贷记账法"，原因很可能是，近代历史中，欧洲人把全世界其他的国家都打得满地找牙，他们的"借贷记账法"也就成了世界标准。为了和世界接轨，我们就只好学习和使用"借贷记账法"了，就像我一直认为汉语比英语美多了，可是我还得被迫学习ABC，真希望中国强大后，标准由我们来定，让老外来学汉语，来学习咱们的"天地账"。

☆ 本章要点

一、一般情况	二、过渡性账户发生（一个过渡性账户）	三、结转过渡性账户（双方都是过渡性账户）
• 资产、费用增加记录在借方，减少记录在贷方 • 负债、所有者权益、收入，增加记录在贷方，减少记录在借方	• 先确定对应账户的方向 • 过渡性账户与对应账户方向相反	• 先确定转出账户的方向（与发生时账户方向相反） • 转入账户与转出账户方向相反

☆ 考考你

不定项选择题

1. 增加时记录在借方的账户有（　　）。
   A. 原材料　　　　B. 管理费用　　　　C. 实收资本　　　　D. 主营业务收入
2. 增加时记录在贷方的账户有（　　）。

A. 应付账款　　　B. 应收账款　　　C. 投资收益　　　D. 本年利润

3. 提取现金时，银行存款账户应登记在（　　）。

A. 账户的左边　　B. 账户的右边　　C. 账户的借方　　D. 账户的贷方

4. 赊购材料时需要登记的账户有（　　）。

A. 库存商品　　　B. 原材料　　　　C. 银行存款　　　D. 应付账款

5. 企业接受投资时，贷方科目是（　　）。

A. 银行存款　　　B. 长期股权投资　C. 实收资本　　　D. 库存现金

6. 资产负债表是根据（　　）填制的。

A. 资产、负债、所有者权益账户的发生额

B. 资产、负债、所有者权益账户的余额

C. 收入、费用类账户的发生额

D. 收入、费用类账户的余额

7. （　　）引起会计等式两边同时增加。

A. 用现金采购材料　B. 赊购材料　　　C. 借款　　　　　D. 接受股东投资

8. 过渡性账户的方向确定规则是（　　）。

A. 发生时通常看对方账户的方向

B. 结转时和发生时的方向相反

C. 理论上过渡性账户期末无余额，也叫虚账户

D. 过渡性账户比较重要，是从实账户（资产、负债、所有者权益）中分离出来的

9. 下列哪些属于过渡性账户？（　　）

A. 利润分配——未分配利润　　　　B. 利润分配——提取法定盈余公积

C. 本年利润　　　　　　　　　　　D. 管理费用

☆ 答案

不定项选择题

1. AB

2. ACD

3. BD

4. BCD
5. C
6. B
7. BCD
8. AB
9. BCD

Chapter 5
第五章

会计记录与原始凭证

人生到处知何似,

应似飞鸿踏雪泥。

泥上偶然留指爪,

鸿飞那复计东西。

——摘自苏轼《和子由渑池怀旧》

大千世界，滚滚红尘，无论发生什么样的活动，都像飞鸿踏雪，总会留下一丝踪迹，来证明曾经发生过的故事。

一、原始凭证的渊源

这雪上鸿迹就是飞鸿经过的凭证，在人类社会早期，人们和飞鸿一样，并不特别重视这偶然留下的踪迹。远古人类的绳子身兼数职，既是报表又是账簿，其实它还兼有凭证的作用，只不过这个功能没有得到特别的重视。

实际上直到清末民初，我国的民间会计也没有严格意义的凭证，那时流行于我国民间的"天地合账"，登记账簿主要依据"草流"（见图5-1），就是账房先生在活动发生的当时记录的流水账，因为时间紧迫，字迹比较潦草，所以才叫"草流"。有的专家认为这个"草流"就是原始凭证，我个人不敢苟同，因为"草流"上没有对方的签字画押，只是一方的记录，不符合原始凭证的法律要件。

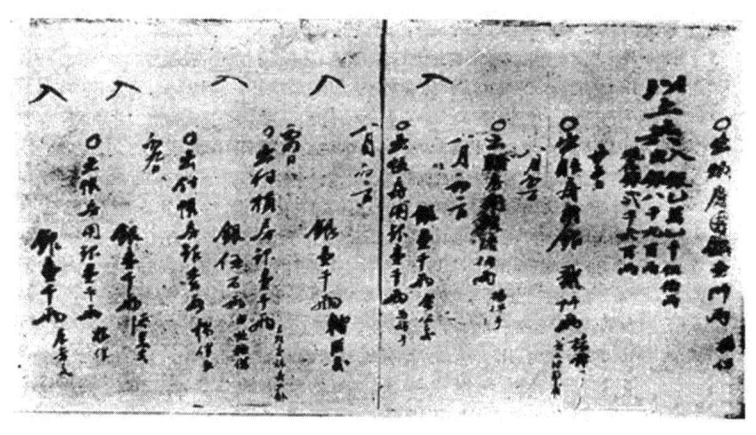

图5-1 天地合账中的草流（字迹很潦草）

西方社会的早期情况，我没怎么考据过，不过他们那时候没有纸张，经济比咱们落后多了，民间的经济活动想必极少，估计也用不上账簿。不过，他们的证据意识应该很强，在三四千年前，苏美尔人就知道在泥巴上写合同了（见图 5-2），还要双方签字，然后封存在泥罐子里。但目前还没有发现他们的泥巴合同与他们的账簿之间有一一对应的关系，因此，我认为西方的"泥巴合同"应该算作法律证据，也不是会计上的原始凭证。

图 5-2　苏美尔人的泥板

在我国，最早的原始凭证很可能是西周时官厅会计用的契（见图 5-3），《周易·系辞》里说："上古结绳而治，后世圣人易之以书契。"书用以记录，相当于账簿，契也就是券，通常分为三份，双方当事人各一份，一份留存，上面盖着官府的大印，这个东西主要用于官府发给老百姓当作交税的证据，和我们现在的发票是不是很像？

图 5-3　契券

在民间会计中，西方人喜欢契约，中国人喜欢信用，静静地过了几千年的光阴，大家都各自习惯了，变化不大，也互不影响。直到大航海时代开始，诞生了复式记账法，欧洲人充分发挥了他们的"契约精神"，强调账簿每笔业务活动的记录都应该有证据，于是形成了"**原始凭证—会计账簿—会计报表**"这样的会计工作程序（也叫会计账务处理程序）。

随着经济发展，经济活动越来越多，也越来越复杂，直接根据原始凭证（比如发货单、入库单、发票、领料单等）登记账簿就比较困难，因为原始凭证上通常没有会计科目和借贷，而且分类账户种类很多，登记的时候也不好找，为了提高效率和准确性，就先根据原始凭证编制记账凭证，就是前面章节写的分录，相当于中国天地账的"草流"，以便于闲暇时登记账簿，并且，将发生的原始凭证粘贴在记账凭证上。这样就形成了"**经济活动—原始凭证（发票等）—记账凭证（分录）—会计账簿（明细账、总账）—会计报表**"的账务处理程序（一般账务处理程序如图5-4所示）。这套办法在20世纪初传入中国，一直沿用到现在。现在我国也可以使用电子发票作为原始凭证了。

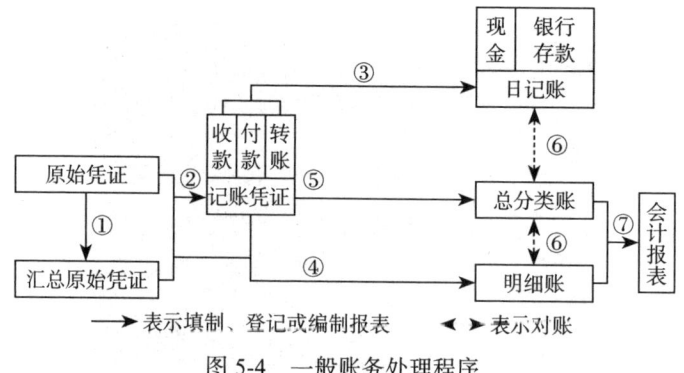

图 5-4 一般账务处理程序

二、原始凭证的确认

经济活动的类型十分复杂，经济活动的证据也十分繁多，企业财务人员不是档案员，没有精力也没有必要处理所有经济活动的证据。什么样的活动证据是会计原始凭证，需要会计处理呢？

理论上，财务会计的目标是要满足报表使用者的需求，也就是凡是已经影响企业财务状况、经营成果、现金流量的经济活动都需要会计确认、计量和报告。实际上，满足会计目标的是会计报表，会计报表又分为六要素，六要素又分为会计账户。也就是，**凡是影响会计账户活动的证据，会计都需要进行确认，编制记账凭证登记到账簿上**。这句话说得很长，也有点绕，对初学者来说不好掌握。在实务上，**由于账是用货币来计量的，凡是能用货币表现的经济活动，会计就需要确认**。比如，公司决定委任张三为总经理，这件事无法用货币表示，会计就不需要进行账务处理，当然委任书也就不是会计的原始凭证了。如果公司决定给李四增加5 000元工资，这个活动能用货币计量，会计就需要处理了，相关的资料也就是会计的原始凭证了。另外，对于未实际发生的经济活动也不能给以确认，采购订单、生产领料通知单、经济合同，这些仅表明意愿的单据都不能叫原始凭证。

三、原始凭证的分类

为了保证政府的税收，**我国在法规上将经济活动分为交易活动和事项（非交易活动）**。税法规定，**凡是交易活动（俗称买卖），必须使用发票作为原始凭证**，发票是由税务机关监制的，全国统一的发票是国税总局规定的格式，其他发票的格式是由省级税务机关规定的。发票又分为普通发票（见图 5-5）和增值税专用发票（增值税介绍详见第十三章），增值税专用发票是价税分开的，使用与交易双方都是一般纳税人，除此之外，企业可以使用普通发票。另外，大型国有企业，比如铁路、航空、金融、保险公司（这些企业太牛了），还可以使用专业发票。

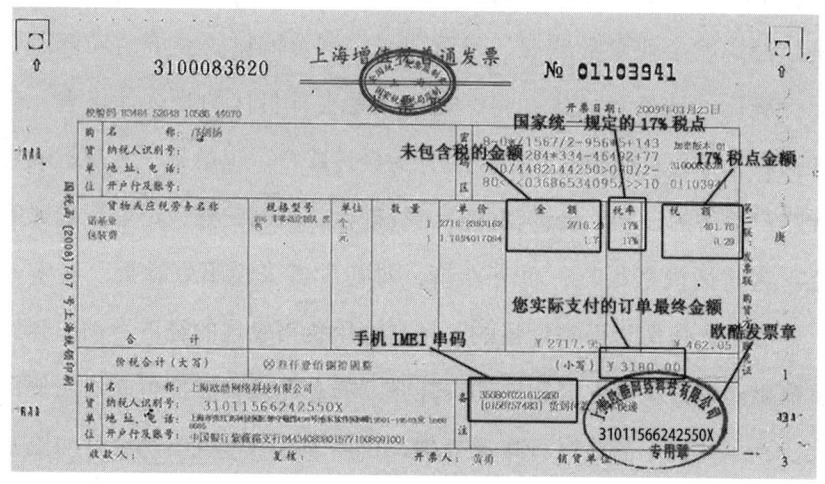

图 5-5　增值税普通发票

为了便于监控，保证各地方税务局的利益，不能邮寄空白发票，如果临时外地经营，需要先到当地税务机关办理"外出经营报验登记"，凭借当地税务机关开具的《外出经营活动税收管理证明》，购买外地发票。

原始凭证要是都要税务机关给印制，税务机关会忙死，除发票外，**很多原始凭证企业可以自制**，比如入库单、出库单、员工的借款单等，因此，原始凭证根据来源可以分为自制的原始凭证和外来的原始凭证。由于这些凭证繁多，为了便于登记账簿，根据原始凭证的填制手续，可以分为一次性原始凭证（只能用一次）、限额原始凭证（在限额内可多次使用）、汇总原始凭证（比如把很多领料单合计汇总成一张材料发出汇总表，见表 5-1）。

表 5-1
A公司发料凭证汇总表　　　　（单位：元）

附件 18 张　　　　　　　　2016 年 2 月　　　　　　　　　No 03

项目	甲材料	乙材料	合计
生产 A 产品耗用	70 000	30 000	100 000
生产 B 产品耗用	50 000	70 000	120 000
小计	120 000	100 000	220 000
生产车间管理耗用		6 000	6 000
厂部管理耗用		8 000	8 000
合计	120 000	114 000	234 000

会计主管：李凡　　　记账：黄秋　　　审核：李平　　　填制：刘玉

四、原始凭证的审核

这些原始凭证都是由经办人（库管员、采购员等）交给会计的，会计首先要对原始凭证进行审核，然后才能编制记账凭证、登记账簿。审核原始凭证是会计十分重要的职责，会计监督实际上主要是通过审核原始凭证完成的，会计对于原始凭证的审核从合法性、真实性、合理性、准确性、完整性、及时性六个方面进行。需要注意的是：对外使用的原始凭证必须要签章，对内使用的原始凭证要经办人的签字。**对于不完整的原始凭证要退还给当事人，要求其补充完整，对于不真实的原始凭证要拒绝，并向单位负责人报告。**

☆☆ 本章要点

☆ 考考你

单项选择题

1. 下列哪种单据可以作为原始凭证？（　　）

    A. 委任状　　　B. 采购订单　　　C. 销售订单　　　D. 借款单

2. 下列哪个事项需要使用发票作为原始凭证？（　　）

    A. 生产领料　　B. 员工借款　　　C. 支付水电费　　D. 发放工资

3. 下列属于汇总原始凭证的是（　　）。

    A. 限额领料单　　　　　　　　　B. 借款条

    C. 工资表　　　　　　　　　　　D. 材料发出汇总表

4. 需要单位签章的是（　　）。

    A. 发票的报销联（给客户）　　　B. 发票的记账联

    C. 发票的存根联　　　　　　　　D. 请购单

5. 对于不完整的原始凭证，（　　）。

    A. 会计自行补充完整　　　　　　B. 退回补充完整

    C. 拒绝处理，并上报　　　　　　D. 不予理会

☆ 答案

单项选择题

1. D
2. C
3. D
4. A
5. B

Chapter 6 第六章

货币资金演绎与资金运动

问世间钱为何物，直教生死相许。

来源去向变无穷，循环多少寒暑。

增则欢，减则苦，就中更有痴儿女。

君应有语，期股东投入，银行借入，莫如经营去。

——改自元好问《摸鱼儿》

在元好问生活的年代，为情而死，已是凤毛麟角。远的不说，就说和他几乎同时代的大诗人陆游，在唐小婉郁郁而终后，却好好地活到八十多岁，更不用说感情丰富的李清照了。但是为钱而死的，这就太多了，不胜枚举。扯得有点远了，还是回头聊聊这个钱字吧。

一、货币的来源

这次咱们就不能从绳子聊起了，绳子的时代，各部落都自给自足，没有私有财产，不需要交换，也就不需要货币。随着生产力的提高，人类社会形成了早期社会大分工，出现了剩余产品，部落和部落之间就可以通过文明的方式来交换产品了，逐渐地就产生了货币。早期的"一般等价物"很可能就是大家常见的"牛""羊"之类的，后来觉得这个也不方便。不知道什么原因，中国古代夏朝的人钟情于"贝壳"（见图6-1），这东西本身不像牛和羊那样具备使用价值，于是贝壳就成为"职业一般等价物"——货币。

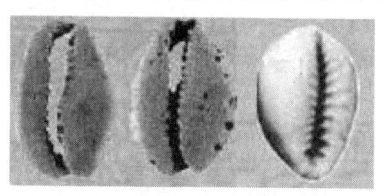

公元前16世纪　　公元前618—907年

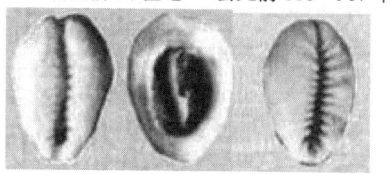

公元前7世纪　　公元960—1368年

图6-1　贝币

但这个贝壳容易坏，不容易保存，也不容易分割，后来，国家就凭借自己的"强制力"开始"铸币"，什么"齐刀币""赵铲币"等陆续出现，后来都变成"孔方兄"（见图6-2）。到了民国初年，开始逐渐被纸币代替。**这些货币因为有了国家强制力作为后台，就稻草变黄金，成了信用货币，变成一种交易工具。再后来，又衍生成银行汇票、银行支票、银行本票、信用卡、信用证等。**

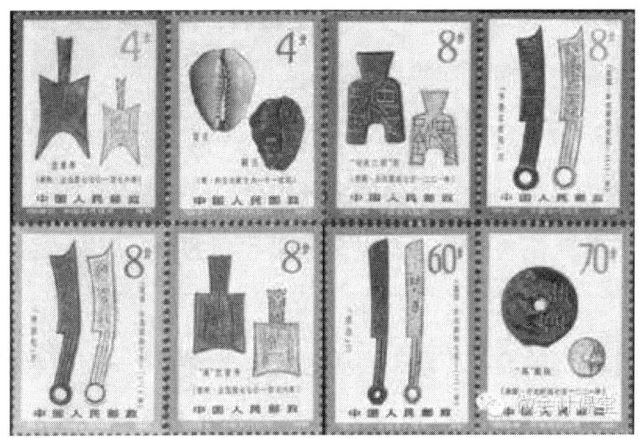

图 6-2 铸币

货币衍生物虽然方便了交易，促进了社会分工和经济的发展，但由于国家只能规定货币面值，货币的真正价值是其体现的人类的劳动价值，两者一旦差异太大，就会造成通货膨胀或者通货紧缩，也会给企业的经济活动带来很大的麻烦。

二、货币的演绎

在财务会计中，货币资金包括三个部分：库存现金（企业保险柜和抽屉里的钱）、银行存款（放在银行里的钱）、其他货币资金（指定用途的钱，包括银行汇票、银行本票、信用证、信用卡、外埠存款、存出投资款）。实际上，货币资金"**卷之则退藏于密，放之则弥六合**"，正如我的"**歪词**"所说，"**来源去向变无穷，循环多少寒暑**"。我们就先看看货币资金的去向是如何变化的。

（一）与资金去向相关的科目

（1）用货币资金去购买材料、商品、小型生产工具和多次使用的包装物，货币资金就相应地变成了**原材料、库存商品、周转材料**等，这些在财务报表中叫作存货。

（2）用货币资金去购买股票、债券、基金这些金融资产，如果是以短期获利为目标，就是**交易性金融资产**。

（3）如果是销售产品、提供劳务未收到的钱，即未来的钱，就是**应收账款**。

（4）未到期的商业汇票，实质也是未来的钱——**应收票据**。

（5）如果企业先把钱付给供应商，对方尚未送货，就是**预付账款**。

上面这些通常是在一年内或者一个营业周期内（从采购材料到销售商品且收到现金的期间）就能变成现金，我们称其为**流动资产**。下面这些就是**非流动资产**了。

（6）如果用钱去买设备、房屋等，货币就变成了**固定资产**。

（7）如果用钱去买股票，是为了控制和影响被投资单位，这个钱就演变为**长期股权投资**。

（8）如果用钱去买债券等金融资产，并准备持有至到期，收回本金和利息，这个就叫作**持有至到期投资**。

（9）如果用钱去买股票等金融资产，购买的目的比较特殊（主要是为了盈余管理），叫作**可供出售金融资产**。

（10）如果用钱去购买不是生产经营需要的房屋等，主要是为了出租，或者升值再卖，就是**投资性房地产**了。

（11）如果用钱去盖厂房或安装、改良设备，就是**在建工程**。

（12）如果用钱去购买商标、专利等，就演变成了**无形资产**。

这些都是资金的去向，一部分演化成了资产，还有一部分会演化成费用（日常经营活动利益流出）和损失（非日常经营活动利益流出）。

（13）为了管理活动发生的货币流出（直接或者间接）就是**管理费用**。

（14）独立的销售部门销售活动发生的货币流出（直接或者间接）就是**销售费用**。

（15）为了销售商品或者提供劳务而必须付出的代价（商品减少，导致货币间接流出）就是**营业成本**。

（16）为了营业活动缴税发生的货币流出就是**营业税金及附加**。

（17）为了缴纳所得税而发生货币流出就是**所得税费用**。

（18）企业被罚款或其他意外的损失发生的流出就是**营业外支出**。

（19）企业资产价值发生减值损失（坏账、存货跌价、固定资产减值等），导致的货币间接流出就是**资产减值损失**。

（20）企业的特殊业务活动（可供出售金融资产公允价值下降等）导致的货币间接流出就是**其他综合收益**。

（二）与资金来源相关的科目

接下来看看货币资金的来源有哪些途径。

1. 来源于所有者方面的

（1）如果是股东直接投入的，这个钱是为了"生钱"的钱，就是资本。从企业角度看，叫作**实收资本**。

（2）如果是股东后续投入的，超出所享有股份的那部分钱，就是**资本公积（资本溢价）**，等待以后转换成资本溢价的就是**资本公积——其他资本公积**（企业购买的可转换债券超出债券面值折现部分价值，或者认股权证公允价值部分）。

（3）如果是销售商品、提供劳务所得，即**主营业务收入和其他业务收入**，抵消费损后形成利润，利润分配后，形成留存收益。

（4）如果是由于企业间接性的投资性资产（购买的股票、债券等金融资产）收益增加，而形成的直接（出售、收到分红）或间接（账面价值上涨或下跌，以后可能变现）的货币资金流入或流出，叫作**投资收益**。抵消费损后形成利润，利润分配后，形成留存收益。

（5）如果是由于投资类资产（主要是指短期获利而购买股票、债券、衍生金融资产和投资性房地产）的公允价值上涨，导致间接货币资金流入或流出，叫作**公允价值变动损益**。抵消费损后形成利润，利润分配后，形成留存收益。

（6）如果是由于意外（两年多都找不到债权人、不用还钱了等）形成货币资金直接或间接的流入，叫作**营业外收入**。抵消费损后形成利润，利润分配后，形成留存收益。

（7）如果是企业的特殊业务活动（可供出售金融资产公允价值上升等）导致货币间接流入（或流出），就是**其他综合收益**。不需抵消费损，单独列入资产负债表和综合收益表（这个账户是2014年的准则新提出来的，其中大部分核算对象是以后年度可以抵消费损，形成留存收益的。这为企业进行盈余管理⊖留了后门）。

2. 来源于债权人方面的

（1）从银行等金融机构借款，且借款期限不超过一年，就是**短期借款**。

（2）欠国家的税费就是**应交税费**。

（3）欠供应商的货款，就是**应付账款**。

（4）欠员工的薪酬，就是**应付职工薪酬**。

（5）其他方面的短期债务，即**其他应付款**。

⊖ 盈余管理指在遵循会计准则的基础上，对收益进行调整，以达到自身利益最大化。

（6）如果预收客户的钱，还没给客户发货（欠人家的货），就是**预收账款**。

以上这些都是需要在一年以内或者一个营业周期内偿还的债务，叫作**流动负债**。下面这些是非流动负债。

（7）从银行等金融机构借款，且期限超过一年，就是**长期借款**。

（8）购买设备或者融资租赁，合同规定付款期限超过一年的未付款项就是**长期应付款**。

三、货币资金的循环

我就把货币资金演化成上面这些科目吧，实际上，所有的会计科目都是货币资金直接或者间接演绎成的，因此，会计的核算对象也叫作资金运动，具体来说，**包括资产的投入（股东投入、债权人投入）、资金的循环（供应——货币流出、生产——价值形态转化、销售——货币流入）和资金退出（分红——股东、还债——债权人、缴税——国家，最彻底的是清算，企业就没了）**。无论企业具体业务类型如何千姿百态，其资金运动的规律都是相似的（见图6-3）。

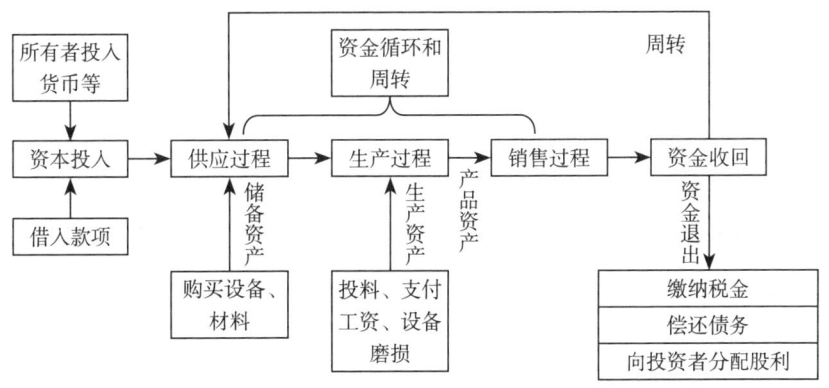

图6-3 资金运动

四、货币资金与经营

典型的资金运动通常存在于公司制企业当中。据传，在罗马帝国时就出现了公司的雏形——"船夫行会"。到现在，几经波折，期间无数企业"樯橹灰飞烟灭"，无数企业勃勃兴起。比如英国早期的"南海公司"，规模十分庞大，英国王室都购买了其大量股票，结果，由于其不重视经营，而过于重视股权融资和借入资金，最后迅速破产。比如已故的苹果公司 CEO 乔布斯，虽然未在资本市场上"长袖善舞"，但一心痴迷于自己的产品，终于将苹果公司打造成全球市值最大的公司。

☆ 考考你

一、不定项选择题

1. 下列属于流动资产的是（ ）。
   A. 应收账款　　B. 预收账款　　C. 应付账款　　D. 预付账款
2. 下列属于其他货币资金的有（ ）。
   A. 存出投资款　B. 存出保证金　C. 外埠存款　　D. 备用金
3. 下列属于流动负债的有（ ）。
   A. 短期借款　　B. 预收账款　　C. 预付账款　　D. 应付职工薪酬
4. 下列属于资金退出的有（ ）。
   A. 购买材料　　B. 缴税　　　　C. 分红　　　　D. 支付广告费
5. 下列属于非流动资产的有（ ）。
   A. 在建工程　　B. 交易性金融资产　C. 资本公积　　D. 可供出售金融资产

二、思考题

1. 用资金运动方式解释资产负债表、综合收益表和现金流量表。
2. 财务会计和财务管理的核算内容都是资金运动，两者有什么异同？

☆ 答案

一、不定项选择题

1. AD

2. AC

3. ABD

4. BC

5. AD

二、思考题

略。

Chapter 7
第七章

资金运动与会计记录

人生若只如初见，

何事增减画借贷，

等闲变却虚账心，

却道虚账心易变。

——改自纳兰性德《木兰令》

一、核算的起源：人生若只如初见

我们回到连绳子都没有的更远古的历史中，那时候，是人生初见，如曹雪芹所说，白茫茫一片大地，真干净。人们兴冲冲地打猎、采摘果实，至于有多少劳动成果，他们不会也不屑于记录。后来的故事，我们在以前的章节都已经叙述过了，人们逐渐地使用绳子、泥巴、布匹、纸张甚至计算机记录和反映经济业务活动。记录对象也从简单的资产类账户，比如粮食、布匹、金银，发展到记录这些资产的来源类账户，比如长期借款（借入的）、实收资本（股东投入的），记录方法也从单式记账法发展到复式记账法。至于结第一个大疙瘩的人、第一个在泥板上画画的人，是否为了记录同类的劳动成果，这个就不好说了。

我的观点是，开始的时候，人们应该没有那么多心思，很可能就是为了好玩，闲着无事，像现在几岁的孩子，用草结一个大疙瘩，或者在泥板上画点图案，不是很高兴的一件事吗？再比如发明复式记账法的那个卢卡，他自己以为写的只是本"数学专著"，谁想到后世人们却把他当成了近代会计之父。正如电影《大话西游》中紫霞仙子所说："我猜到了开头，却猜不到这结局……"

二、日常业务核算：何事增减画借贷

这种兴冲冲的艺术创作为何变成了枯燥严谨的会计方法呢？自从亚当和夏娃偷吃了那个苹果后，人类就有了羞耻心，人们就会限制自己那股"兴冲冲"的劲儿，用逻辑思维建立自己理性思想的大厦。人类开始思考自己的生存、发展和享受，于是人们发现可以用资金表示劳动成果，用资金运动创造财富，用会计账簿记录这些活动，以便改进方法、创造更多的财富。其中一些基本的理论，我们在前面已经介绍过，现在我们依据资金运动（见图6-3）介绍一下基本的记录方法。

（一）资本投入

人们为了生存和发展，需要大量的社会财富，要创造社会财富就需要资本投入。现代企业竞争激烈，市场变化莫测，为了分散风险，现代企业的出资人往往是多个自然人或者法人。

1. 股东首次投入

[例7-1] 张三投入100万元现金，李四投入50万元设备，成立了涛涛食品公司。会计首先要审核投入的原始凭证，比如要审核证明张三投入银行存款的进账单，李四投入设备的验收单，然后填制记账凭证，我们这里只写会计分录（本章会计分录单位统一为"万元"），并省略明细科目，表明来龙去脉。

借：银行存款　　　　　　　　　　100
　　固定资产　　　　　　　　　　50
　贷：实收资本　　　　　　　　　150

然后，根据分录分别登记到银行存款账簿、固定资产账簿的借方（表示相应的资产增加），再登记到实收资本账户的贷方（表示所有者权益账户增加）。

2. 股东后续投入

[例7-2] 涛涛食品公司经营几年后，效益非常好，王二先生也想成为公司的股东。王二先生投入150万元银行存款，张三、李四与王

二达成协议说，公司的注册资产变更为200万元，其中张三享有二分之一的股份，李四和王二各享有四分之一的股份。王二实际享有的是50万元的权益，超出部分作为资本溢价（原因嘛，这个企业现在的效益好，源于张三和李四的辛苦经营，王二投入的资产价值自然不能和张三、李四的初始投入一样了）。

  借：银行存款　　　　　　　　　　　　　　150
   贷：实收资本　　　　　　　　　　　　　50
     资本公积　　　　　　　　　　　　　100

同上，会计需要在银行账户的借方登记150万元，在实收资本和资本公积的贷方分别登记50万元和100万元，表示所有者权益的增加。

3. 借入资本

[例7-3] 该公司向银行借入100万元银行存款，为期3年，会计审核借款合同和进账单后，编制分录如下：

  借：银行存款　　　　　　　　　　　　　　100
   贷：长期借款　　　　　　　　　　　　　100

（二）资金循环

  企业有了初始资金后，就开始用货币资金买材料、生产产品，再销售产品收回货币资金，这个过程叫作资金循环。用收回的资金再买材料、再生产等，这个周而复始的过程叫作资金的周转。**不同企业类型，资金的循环方式是不一样的。**比如商业企业就没有生产环节，没有原材料到库存商品的资金运动环节，采购商品后直接进入销售环节，在会计核算上相当于只有工业企业的供应和销售这两个阶段。再比如，餐馆、理发店、咨询公司等服务企业，虽然有加工制造环节，但由于其产品不容易储存，加工制造后立即被销售或者耗费，相当于把制造阶段并入销售阶段，因此，在会计核算上也不需要设置生产成本账户，将材料和人工等与收入密切相关的消耗直接计入到主营业务成本就可以了。因此，通常制造业的资金运动是典型的企业资金运动方式，制造业的会计核算也是典型的会计核算，其他行业都可以参考制造业的会计核算进行。

1. 供应阶段

[例7-4] 购买烤面包的烤面包机30万元，增值税5.1万元，烤麻花的麻花机40万元，增值税6.8万元。均取得了增值税专用发票，并用支票付款。

借：固定资产　　　　　　　　　　　　　　70

　　应交税费——应交增值税（进项税额）　11.9

　贷：银行存款　　　　　　　　　　　　　　　　81.9

增值税是我国在流转环节（采购和销售）对货物和应税劳务征收的一个税种，顾名思义，这种税是对价值的增加额征收的。企业的价值增加额，**实际上就是企业销售减去企业采购的差价，为此，税务机关规定，会计在记录销售业务时要记录销项税，在记录采购业务时要记录进项税。期末时，将销项税与进项税的差额上交税务局**（详见第十三章增值税）。企业在采购的时候，进项税增加会导致企业对税务的负债应交税费减少，负债减少记录在借方。

[例7-5] 该企业从古船公司购入面粉10万元，增值税1.7万元，白糖1万元，增值税0.17万元。均取得了增值税专用发票，款未付。

借：原材料——面粉　　　　　　　　　　　10

　　　　　——白糖　　　　　　　　　　　　1

　　　　应交税费——应交增值税（进项税额）　　　1.87
　　　　贷：应付账款——古船面粉厂　　　　　　　　　　12.87

2. 生产阶段

　　制造业企业需要将材料转换成商品，在这个过程中，材料的价值、人工的价值、设备磨损的价值，都转入到商品的价值中。确定不同商品的单位成本，会计需要按照产品的种类设置会计账户，**通常对于主要消耗的材料和人工，在发生的时候就要尽量分别登记在相应账户上（重要性原则的贯彻）。**若和多个产品都相关，发生的时候很难确认，可以先登记在过渡性账户（制造费用）中，期末的时候按照一定的标准分配到相应账户上去。

　　（1）材料消耗。

　　[例7-6] 该公司领用面粉4万元用于生产面包，领用面粉3万元用于生产麻花，1万元的糖用于生产车间的一般消耗。

　　　　借：生产成本——面包（直接材料）　　　　4
　　　　　　　　　　——麻花（直接材料）　　　　3
　　　　　　制造费用——材料消耗　　　　　　　　1
　　　　　　贷：原材料——面粉　　　　　　　　　　　　7
　　　　　　　　　　　——糖　　　　　　　　　　　　　1

　　原材料属于资产账户，减少记录到贷方，生产成本、制造费用实质是在产品和半成品，增加记录到借方。

　　（2）人工费用的计提（核算）。

　　[例7-7] 假设该公司一共有50名生产工人，出勤20天，每人每天应发工资50元，其中生产面包的工时为3 000工时，生产麻花的工时为5 000工时。车间主任的工资为10 000元，管理人员的工资为

20 000元。

首先，计算工资总额：50×20×50=50 000（元）。

其次，计算工资率：50 000/（5 000+3 000）=6.25（元/工时）。

面包的人工成本为：6.25×3 000=18 750（元）。

麻花的人工成本为：6.25×5 000=31 250（元）。

借：生产成本——面包（直接人工）　　　1.875
　　　　　　——麻花（直接人工）　　　3.125
　　制造费用——薪酬　　　　　　　　　1
　　管理费用——薪酬　　　　　　　　　2
　　贷：应付职工薪酬——工资　　　　　　　　　　8

由于车间主任的工资和两个产品都相关，因此计入制造费用。通常员工的工资是次月发放，应先计入对员工的负债账户（应付职工薪酬），就是工资当月发放也应先记录到应付职工薪酬，只有这样才能便于汇总企业应发和实发薪酬。

（3）水电的消耗和设备的折旧等。

[例7-8]该公司当月生产车间共消耗水电2万元，增值税0.34万元，管理部门消耗水电1万元，增值税0.17万元，收到增值税专用发票，款未付。

借：制造费用——水电　　　　　　　　　2
　　管理费用——水电　　　　　　　　　1
　　应交税费——应交增值税（进项税额）　0.51
　　贷：应付账款——水电公司　　　　　　　　　3.51

生产车间消耗的水电如果能根据相关的方法（如分别设置电表，或者按定额标准）区分面包负担部分和麻花负担部分，则最好记录到相应的成本账户中。

[例 7-9] 该公司生产车间的厂房和设备的当月折旧为 1 万元，管理部门的设备和厂房折旧为 0.5 万元。

借：制造费用——折旧　　　　　　　　　　1
　　管理费用——折旧　　　　　　　　　　0.5
　　贷：累计折旧　　　　　　　　　　　　　　　1.5

（4）制造费用（间接费用）的归集和分配。

进行成本核算的时候，首先应确定成本核算的范围，为了取得产品而必须付出的代价才能计入产品的成本。而像广告支出、厂部管理人员的工资，这些和产品的形成不构成必要关系，就不应该计入产品的成本。其次，对于计入产品的成本，应该尽量将相应的成本直接计入各产品的成本账户中，在实务中主要的材料和人工，尽管在发生的时候也区分是哪个品种产品的成本，也要使用工时比例、定额比例等直接计入产品成本，但对于金额较小又不易区分的支出，可以先计入到制造费用（或者辅助生产成本）中，期末先进行归集，再按照最适合的方法分配到不同产品的账户中。

比如归集当月的制造费用，通过制造费用的账户可以得出，制造费用 =1（材料）+1（人工）+2（水电）+1（折旧）=5（万元）。

按机器人工工时分配制造费用，前面已经介绍过人工工时一共为 8 000 工时，其中面包 3 000 工时，麻花 5 000 工时。

制造费用分配率 =50 000/8 000=6.25（元 / 工时）（与人工相同，纯属巧合）

　　　　面包的制造费用成本 = 6.25×3 000=18 750（元）
　　　　麻花的制造费用成本 = 6.25×5 000=31 250（元）

编制分录如下：

　　借：生产成本——面包（制造费用）　　　　1.875

——麻花（制造费用）　　　　　　　　3.125

　　贷：制造费用　　　　　　　　　　　　　　　　5

这样生产成本的账户就完整了，包括为取得该产品所发生的各种成本。

（5）产成品入库。

假设该企业生产入库了 10 万个面包、10 万个麻花，当期都已经生产完毕，没有在产品。

根据生产成本账户：

面包的生产成本 =4（直接材料）+1.875（直接人工）+1.875（制造费用）= 7.75（万元），单位成本 = 7.75/10= 0.775（元 / 个）。

麻花的生产成本 =3（直接材料）+3.125（直接人工）+3.125（制造费用）= 9.25（万元），单位成本 = 9.25/10= 0.925（元 / 个）。

分录为：

　　借：库存商品——面包　　　　　　　　7.75

　　　　　　——麻花　　　　　　　　　　9.25

　　贷：生产成本——面包　　　　　　　　　　7.75

　　　　　　——麻花　　　　　　　　　　　　9.25

如果期末有未完工的在产品和半成品，在计算当期入库的完工产品成本时，需要减去在产品和半成品的成本。

3. 销售阶段

企业在销售产品的时候，**一方面，货币资金或者未来的货币资金（应收账款）流入企业是收入，另一方面，产品流出企业是费用（成本）**，如果只按照活动的表面现象记录，比如将成本是 0.775 元的面包按 2 元销售记录成：

借：库存现金　　　　　　　　　　　　　　　2

　　贷：库存商品　　　　　　　　　　　　　　0.775

　　　　本年利润　　　　　　　　　　　　　　1.225

这样就无法体现当期的业务活动收入和成本了，不能满足股东对收入数据的了解，违背了相关性原则。

[例 7-10] 假设该公司销售给京客隆超市 5 万个面包，每个不含税价为 2 元，价款 10 万元，增值税 1.7 万元，销售麻花 6 万个，每个不含税价为 3 元，价款 18 万元，增值税 3.06 万元，款未收。

（1）记录销售收入。

借：应收账款——京客隆　　　　　　　　　32.76

　　贷：主营业务收入——面包收入　　　　　10

　　　　　　　　　　——麻花收入　　　　　18

　　　　应交税费——应交增值税（销项税额）　4.76

款未收是未来的钱，属于资产，增加记录借方，收入增加记录贷方，销项税增加则表示对税务局的负债增加，记录在贷方。

（2）结转销售成本。

面包的销售成本 =50 000（销售的数量）×0.775（单位成本）

　　　　　　　　=38 750（元）

麻花的销售成本 =60 000（销售数量）×0.925（单位成本）

　　　　　　　　=55 500（元）

借：主营业务成本——面包成本　　　　　　3.875

　　　　　　　　——麻花成本　　　　　　5.55

　　贷：库存商品——面包　　　　　　　　　3.875

　　　　　　　　——麻花　　　　　　　　5.55

三、期末结转：等闲变却虚账心，却道虚账心易变

实际上，在复式记账法应用的早期，会计使用的账户只有资产、负债和所有者权益这三类，收益多了就增加所有者权益类账户，费损增加了就减少所有者权益类账户。后来，**人们发现收益和费损太重要了**，就将收益类账户和费损类账户从所有者权益类账户中分离出来，以便详细记录这些账户的变化。由于这些账户本来就属于所有者权益账户，所以到期末（等闲，会计分期中的假设静止时刻）的时候，需要将自身账户结转为空，归于所有者权益账户（本年利润）。

所以，不是虚账户自身要变，而是人们在设置虚账户的时候就决定了它们期末必须要变（结转到本年利润当中，自身账户为零）。**虚账户的设置本身就是为了贯彻相关性和重要性的要求，以便记录业务活动过程的变化**（比如，前面中提到制造费用也是这个道理）。

资金退出

资金循环后，就是资金的退出。资金的退出包括：给股东分红，还债权人的债和利息，缴纳国家的税。需要注意的是企业支付员工工资（V），以及购买材料（C），不属于资金退出。从经济学的角度看，这些支出要计入产品的成本，会随着产品的销售得到补偿，属于资金的循环；从社会整体看，股东的红利、债权人的利息、国家税收是分配企业的剩余价值（M）。资金退出最彻底的方式就是清算了，清算后，企业就没了。下面主要介绍一下企业的清算。

企业可能由于各种原因进行清算，比如经营不善导致破产；或者企业的合伙人钱赚够了想金盆洗手，既不愿意继续经营下去，也不愿意转让企业，于是解散了企业，等等。无论什么情况，决定进行企业

清算了，就不能以持续经营为前提了，也不能采用权责发生制记账基础了，应当根据交易价格（公允价值）重新确定企业的资产和负债，差额先计入清算损益中，再转入所有者权益账户中（利润分配——未分配利润账户）。然后，根据法定顺序，归还所欠的员工薪酬、国家税费以及其他债务，剩余的分给股东。通常分录如下：

借：实收资本（所有者权益账户）

　　资本公积

　　利润分配——未分配利润（通常为负数）

　　应付账款（所有的负债类）

　　应交税费

贷：银行存款/库存商品/固定资产（所有的资产类账户）

到此，一个企业的资金运动就终止了，股东和债权人们又会在市场经济中建立和寻找新的企业，生生不息……

☆☆ 考考你

不定项选择题

1. 资金初始投入的方式有（　　）。
   A. 股东投入　　　B. 债权人借入　　　C. 企业经营所得　　　D. 接受捐赠
2. 采购时，增值税的进项税应该记录在账户的（　　）。
   A. 借方　　　　　B. 贷方　　　　　　C. 左边　　　　　　　D. 右边
3. 销售时，增值税的销项税应该记录在账户的（　　）。
   A. 借方　　　　　B. 贷方　　　　　　C. 左边　　　　　　　D. 右边
4. 下列可以先记录到制造费用账户的有（　　）。
   A. 两个以上产品共同消耗的主要材料
   B. 两个以上产品共同消耗的辅料
   C. 厂部管理人员的工资
   D. 车间管理人员的工资

5. 生产成本的主要构成要素为（　　）。

　　A. 直接材料　　　B. 直接人工　　　C. 制造费用　　　D. 管理费用

6. 结转销售成本正确的是（　　）。

　　A. 销售数量 × 销售单价　　　　B. 销售数量 × 单位成本

　　C. 生产数量 × 单位成本　　　　D. 生产数量 × 销售单价

7. 企业清算时采用的计量属性是（　　）。

　　A. 重置成本　　　B. 现值　　　C. 历史成本　　　D. 公允价值

✦ 答案

不定项选择题

1. AB

2. AC

3. BD

4. BD

5. ABC

6. B

7. D

☆ 拓展阅读：成本小传

有一位不断减肥（降低成本）、喜欢处于黄昏时刻（很难精确核算）、略带忧郁的女士，我们看一下她的简历。

姓名：成本　　　　　　　出生日期：会计史学家认为在16世纪

居住地：暂居地球　　　　联系方式：有点不舍的感觉

本质：为了达到特定目的而付出的代价（或者放弃的资源）

特点：通常在一定范围内付出越多，收益也越多，偶尔也有例外

社会关系

母亲：资产　　父亲：目标（收益）　　孪生兄弟：费用

话说很久很久以前，宇宙洪荒，天地一体，盘古先生看到后十分不爽，用尽毕生力气，将宇宙一劈两半，轻者上升为天，浊者下沉为地。后来，盘古先生觉得自己立下了开天辟地之功，就跑到庙里当神仙去了，直到后来，科学家们告诉他**能量守恒定律和质能转换公式**，盘古先生才知道，从整个宇宙的角度看，他劈宇宙的行为没有什么实质意义。也就是说，付出的代价和取得的收益是相等的。因此，从宏观宇宙的角度看，人类任何行为的成本和收入都是相等的，**但是具体到人类，具体到每一个人，成本和收入就不一定相等了**。比如，原始人打猎收获一只兔子，原始人的成本只是一点卡路里（比较少的能量），吃掉兔子后会收入很多卡路里（比较多的能量），显然，针对这个原始人，打兔子行为的收入大于付出的成本。

（一）成本简史

追求利润是人的本能，从原始人开始，人们就不断想办法以最小的代价获得最大的收益。因此，人类一方面不断地发明和改进生产

工具，另一方面又通过账簿记录收入和支出，以便找到增加利润的方法。比如，我国在周朝的时候就有九入九出的记录，秦汉时期有三柱结算法，即"收入－支出＝结合"，到了唐宋时期，为了区分当期的利润和前期利润，产生了四柱结算法，即"旧管（上期结余）+新增（本期增加）＝结余（本期结余）+开支（本期减少）"，"新增－开支"就是本期的利润。但是由于当时的产品并不丰富，没有必要分别核算某一具体项目的收益和支出，**没有具体目标的支出（资源耗费）只能是费用，不能称为成本**，也就不能对外吹牛说我国唐宋朝时候就有成本会计了，这个成本会计的"第一"可能是欧洲人的。

在欧洲，自从卢卡先生发明了复式记账法后，到了16世纪，荷兰的图书出版商为了控制图书成本，**分别记录每种图书所消耗的纸张、油墨、人工等支出，并根据支出总额除以图书数量，尝试计算每本图书的单位成本**。这种核算记录，被大多数会计史学家认为是成本会计的起源。

到了20世纪初期，工业革命蓬勃发展，企业竞争加剧，美国的泰勒先生提出了科学管理的理论，对生产员工的动作行为进行分析，**要求员工进行生产时采用标准动作，尽量避免无效的动作，规定了每个标准动作需要的工时，进而形成标准工资制**。并且，对每件产品所消耗的材料数量进行规定，制定**标准材料消耗**等。然后，**用标准成本和实际成本进行对比，分析形成差异的原因，采取改进措施，降低成本**，这样以**标准成本法**为特征的现代成本会计就诞生了。

20世纪中期以后，日本丰田公司为了扩大在美国的销售额，根据市场需求价格，减去利润倒推目标成本，形成了**目标成本法**。后来，随着网络的普及，人们对产品和服务的需求越来越多样化，企业的竞争手段也更加多样化。英国和美国的会计学者提出了**战略成本管**

理法，就是将整个行业看成是价值链，每个企业是价值链中的一个增值环节。企业进行成本管理时，根据企业战略目标，**对内部，采用作业成本法核算，要尽量消除自身无效活动，对外部，分析企业面临的挑战和竞争对手状况，进行价值链整合**；在具体决策中，不仅要考虑成本降低，还要考虑收益变化，力争使收入成本比达到最优。

由此可见，成本和费用都是一种资产（资源）消耗，在古代，由于很难区分消耗的具体目标，就都笼统地称为费用。到了近代，为了精确核算具体产品和服务的收益及费用，有了具体对应的收益目标了，费用就转换为成本了。

（二）成本核算

人类社会在几千年前就认识了费用，可是直到500年前才第一次认识成本，之所以等了这么久的时间，可能是成本和目标的关系太复杂，举个简单的例子来说明一下。

假设老人家食品厂2015年10月生产了1万个面包和1万个麻花，为了生产面包付出的代价有：20 000千克面粉（每千克1元），工人工资1万元，水电、质检、设备折旧、车间主任工资共5 000元。

如果只计算生产费用（不分具体目标），就比较容易了，生产费用=20 000×1（面粉）+10 000（人工）+5 000（水电）=35 000（元）。

要计算具体的面包成本和麻花成本，就得区分面包和麻花各消耗了多少面粉、人工、水电、质检、折旧等。如何区分呢？我们逐项分析一下。

1.直接材料的核算：区分面包和麻花各消耗了多少面粉（由于通常金额较大，根据重要性，直接计入成本）

（1）如果生产核算比较详细，在生产领料的时候，就记录12 000千克是用于生产面包的，8 000千克是用于生产麻花的，还好办些。

（2）如果生产核算不详细，在领料的时候只记录了领用面粉20 000千克，成本会计就得想各种办法来区分，最常用的方法就是**定额比例法**。根据生产工艺要求，正常情况下每个面包消耗0.9千克面粉，每个麻花消耗0.6千克面粉。那么，面包定额就是10 000×0.9=9 000(元)，麻花的定额就是10 000×0.6=6 000(元)，总定额为9 000+6 000=15 000（元），可是实际消耗的是20 000元，显然实际消耗的比定额的超支5 000元，由于没有其他信息，就假设这种超支（也有可能是节约）和定额消耗成正比，用实际消耗（20 000）/[面包定额（9 000）+麻花定额（6 000）]≈1.333 3（保留四位小数）作为定额分配比例。则估计面包消耗材料成本＝9 000×1.333 3≈12 000(元)，麻花消耗材料成本≈6 000×1.333 3≈8 000（元）。编制分录为：

借：基本生产成本——面包——直接材料　　12 000

　　基本生产成本——麻花——直接材料　　8 000

　　贷：原材料——面粉　　　　　　　　　　　20 000

由此可以看出，区分共同消耗费用的成本，需要先根据生产工艺设置定额，这实际上是实施泰勒科学管理方法后才有的事，所以我觉得真正的成本会计在19世纪初诞生的说法比较靠谱些。

2.直接人工的核算：区分面包和麻花各消耗了多少人工（由于金额较大，根据重要性，直接计入成本）

区分完材料（面粉）后，还要区分人工的成本10 000元，这个和区分材料成本类似。通常工资是根据工时计算的，也就按工时进行分配。如果企业核算详细，分别记录面包和麻花的实际生产工时，就按实际生产工时区分，如果没有，与区分材料方法相同，用定额比例法分别计算面包和麻花负担的人工成本。假设生产面包消耗400工时，生产麻花消耗600工时，则工资分配率=10 000/（400+600）=10，面包的人工成本为400×10=4 000（元），麻花的人工成本为600×10=6 000（元）。编制分录为：

借：基本生产成本——面包——直接人工　　4 000

　　基本生产成本——麻花——直接人工　　6 000

　贷：应付职工薪酬——工资　　　　　　　　　　10 000

3.制造费用的核算：区分面包和麻花各消耗多少水电、折旧等（通常种类较多，金额不大，为了方便，可以先汇总，再分配）

对于车间管理人员的工资、水电、设备折旧、机物料消耗等，在过去占产品成本总额比例不大，如果每一项都采用定额分析法，太麻烦，核算成本太高。为了简化核算，传统的成本会计都先将这些消耗计入制造费用中，在期末的时候，找一个标准（比如机器工时、人工工时等）分配到具体的产品成本中（这种方法虽然比逐项分配省事，但是不怎么准确）。

假设本企业采用人工工时为分配标准（设备不多就用人工工时，设备多就用机器工时），生产面包为400工时，生产麻花为600工时，则制造费用的分配率=5 000/（400+600）=5，面包分配的制造费用为400×5=2 000（元），麻花分配的制造费用为600×5=3 000（元）。分录为：

借：基本生产成本——面包——制造费用　　2 000

　　基本生产成本——麻花——制造费用　　3 000

　贷：制造费用　　　　　　　　　　　　　　　　5 000

至此，面包和麻花的本月生产成本总额都核算了，假设没有月初余额（月初没有在产品），所有的产品都已经完工，月末也没有在产品（如果有在产品，需按约当产品法或者定额比例法进行完工产品和在产品的分配，此处不详述），则成本计算单如下：

面包生产成本计算单　　　　　　　　（单位：元）

	直接材料	直接人工	制造费用	合计
①月初余额	0	0	0	0
②本月投入	12 000	4 000	2 000	18 000
③合计=①+②	12 000	4 000	2 000	18 000
④月末在产品成本	0	0	0	0
⑤完工产品成本=③-④	12 000	4 000	2 000	18 000
⑥单位产品成本=⑤/完工数量	1.2	0.4	0.2	1.8

麻花生产成本计算单　　　　　　　　（单位：元）

	直接材料	直接人工	制造费用	合计
①月初余额	0	0	0	0
②本月投入	8 000	6 000	3 000	17 000
③合计=①+②	8 000	6 000	3 000	17 000
④月末在产品成本	0	0	0	0
⑤完工产品成本=③-④	8 000	6 000	3 000	17 000
⑥单位产品成本=⑤/完工数量	0.8	0.6	0.3	1.7

会计分录为：

借：库存商品——面包　　　　　　　　　　18 000

　　库存商品——麻花　　　　　　　　　　17 000

　贷：基本生产成本

　　　——面包——直接材料、直接人工等　　18 000

　　基本生产成本

　　　——麻花——直接材料、直接人工等　　17 000

则面包的单位成本为1.8元，麻花的单位成本为1.7元。如果采用标准成本法或目标成本法，**应该分析每一项要素（料、工、费）的标准成本和实际成本的耗量差异和价格差异，从而找出降低成本的方法。**

由于现代客户需求的个性化和多样化，特别是自动化生产设备的普及，过去占总成本比例不大的设备折旧、设备调整、质检等消耗比例逐渐增大，如果还是按照传统成本会计方法（将这些制造费用混在一起，再找一个标准分配），就会导致产量大、批次少的产品由于分摊比实际多的设备调整、批次管理等间接费用，成本虚增。产量小、批次多的产品由于分担了比实际少的相关间接费用，成本虚低，不利于产品定价和成本分析。为此，美国学者在20世纪提出作业成本法，**基本原理就是产品消耗作业，作业消耗资源**。企业首先要从价值链的角度分析企业的作业（业务活动）是否有必要，是否有效率，**对于没有效率的作业予以剔除，对于效率低的作业采取措施，也就是作业动因分析**。其次，对于每种作业（业务活动）消耗资源进行分析，比如，企业要对面包进行质检，质检作业要消耗工资、设备、电力等，与同行对比分析，我们每次质检消耗的资源是否偏高，有没有改进方法，这叫作**资源动因分析**。经过这两层分析后，成本核算的时候，**先把资源消耗归集到作业上（作业成本库），再按照产品和作业消耗关系分配到具体产品成本中**。由于直接材料和生产工人的作业是直接和产品形成相关的，属于产品直接消耗的资源，采用作业成本法核算的时候就和传统成本法核算一样，直接计入产品成本，但是对于设备折旧、质检、批次调整、生产订单处理这些间接费用（制造费用），就需要先按照作业进行归集，再根据一定的标准分配到产品成本中。比如说老人家食品厂质检作业消耗的人工、折旧、水电等共计1 000元，其中，检查面包40次，检查麻花60次，则分配率=1 000/（40+60）=10，面包负担的质检费用=40×10=400（元），麻花负担的质检费用=60×10=600（元）。分录为：

借：基本生产成本——面包——作业成本　　　　400

基本生产成本——麻花——作业成本　　　　600

　　贷：作业成本——质检作业　　　　　　　　　　1 000

　　这种方法不但比传统成本核算更精确，更有助于企业对产品进行科学定价，而且容易发现一些组织隐藏的浪费。企业采用作业成本核算，不仅能核算出具体的行为成本，还有助于发现企业的很多行为是不必要的或者是可以代替的，这样对提高效益和效率有很大的帮助。但是，作业成本法核算的工作量十分大，我国大多数企业都没有采用。不过随着计算机技术的发展，基础核算都可以通过 ERP 软件进行，相信作业成本法会逐渐在我国普及。

Chapter 8
第八章

会计报表的演绎及编制

横看成岭侧成峰,

远近高低各不同。

不识庐山真面目,

只缘身在此山中。

——苏轼《题西林壁》

很多会计的初学者都困惑如何编制财务报表，甚至认为编制财务报表是一件很难学会的事情。我上大学的时候也这样认为，快上大三的时候，学了两年多的会计，我还不会编制，现在想起来，当时的自己好笨呀。其实，编制财务报表很容易，主要是我们太拘泥于教材和烦琐的规则了，以至于不识庐山真面目。那我就跳出当下，穿越到远古的历史，从财务报表的源头说起。

一、按报表项目性质的余额列报：资产负债表

原始人的智商和现在六七岁的孩子差不多，他们编制报表的方法很简单，得到不同的猎物或果实，就分别在相应的绳子上结个大疙瘩（得到兔子，记录在表示兔子的绳子上；得到狐狸，就记录在表示狐狸的绳子上，见图8-1）。计量属性呢，就是大个的结个大疙瘩，小个的结一个小疙瘩，吃了一个就解开一个疙瘩，以此类推。实际上，这些绳子永远只表现各项劳动成果（资产）余额，由于当时部落谁也不借东西，所有的资产都由这个部落自己所有，这样就天然形成了资产负债表的雏形（负债为零，应该叫作资产所有者权益表）。由此可以看出，资产负债表是根据不同实账户（绳子）的余额汇总编制的。

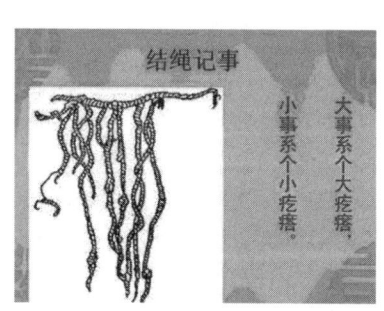

图8-1 结绳记事

二、按报表项目功能的发生额列报：利润表

随着人类社会的进步，人们发现风吹日晒，绳子很容易坏，古人

们觉得结疙瘩这事不大靠谱，于是，就先后出现了在龟甲上、泥巴上、布匹上、纸张上记录劳动成果的增减，可能是古人们计算减法比较困难，为了便于统计，就把增加的和减少的分成两部分记录。这时候，为了得到余额，就得先算各账簿（实际只有表示资产的劳动成果）增加的合计，再算减少的合计，两者一减，才能得出余额。不过因此，人们也发现增加的就是收入的，减少的就是消耗、支出的。但是，当官厅会计将这样的报告（如图8-2的九赋九式）呈现给皇帝的时候，皇帝却不是很满意，为什么呢？现在还原一下根据资产账户增减合计的报表，我们来分析一下。我查了一些资料，没有找到相关的报表，只好在此杜撰一个作为举例，见表8-1。

九赋（财政收入）
邦中之赋 （王都中的农产品税）
四郊之赋 （距王都百里的农产品税）
邦甸之赋 （距王都百里至二百里的农产品税）
家削之赋 （距王都二百里至三百里的农产品税）
邦县之赋 （距王都三百里至四百里的农产品税）
邦都之赋 （距王都四百里至五百里的农产品税）
关市之赋 （商旅税）
山泽之赋 （矿、林、渔业、特产税）
币余之赋 （其他杂税）

图 8-2 早期官厅会计的利润表：九赋九式

表 8-1 某朝资产收支汇总表

年度：公元前 × 年度 × 月　　　　　　　　　　　　　编制单位：某朝司会

项目	收入项目		支出（费用）项目		结余项目	
粮食	1 000 石	1 000 银子	800 石	800 银子	200 石	200 银子
布匹	500 匹	500 银子	400 匹	400 银子	100 匹	100 银子
……						
合计		1 500 银子		1 200 银子		300 银子

通过上面的报表，皇帝能清楚每项资产的增加、减少和余额，可是，皇帝不能从这张表中知道收入来源何处，支出又去向何方，从而

也无法找到增加收入或者减少支出的办法。于是，官厅会计又将以上报表改成如表8-2所示。

周礼中有九式（支出）九赋（收入），为了便于理解，我就编个二赋二式举个例子。报表内容修改成这样后，皇帝就能清楚收入的来源和支出的去向，就可以据此决定是增加邦中之赋，还是减少祭祀之式。官厅会计将表8-1**按项目性质列报**格式演绎成表8-2**按项目功能（用途）列报**格式，表8-1去掉增加和减少项目，只保留余额，再增加表示资产来源（负债和所有者权益账户）的余额，就是资产负债表。

表 8-2　某朝收入支出表（综合收益表）

年度：公元前 × 年度

项目	金额
邦中之赋	500 银子
邦郊之赋	1 000 银子
收入合计	1 500 银子
祭祀之式	800 银子
宾客之式	400 银子
支出合计	1 200 银子
结余（利润）	300 银子

资产负债表按照**项目性质**依据余额列报，利润表（综合收益表）按照**项目功能（用途）**依据发生额累计列报。这种列报方式一方面从静态反映组织的财务状况（组织可以动用的资源，是经营的基础），另一方面从动态反映组织的收支主要活动（经营活动的成果）。这种会计报表的列报方式一直到现在还在使用。我记得前几年，国际会计准则委员会曾想将资产负债表也改成按功能列报，最后，不了了之。当时我就不看好这项改革，现行列报虽然有缺陷，但计划没有变化快，谁能确定某项资产的用途不会在未来会计报告期发生变化呢？

三、年老的后起之秀：现金流量表

当金银被人类认识后，人们就把特别的爱给了它，无论是奴隶主、皇帝、地主还是企业主，几乎都安排专人保管、专门记录。所以，现金账应该是历史最悠久的账簿之一。实际上，现金就是价值量比较稳定的一般等价物，所以，现金、银行存款、其他货币资金、能够在短期很容易地转换成确定金额的资产（通常指短期债券）都属于广义的现金。

原则上，有账簿就应该进行汇总报告。从业主角度看，现金应该按什么标准汇总呢？**无非是钱从何处来，又到何处去嘛**。实际上，钱来自筹资活动（借款、股东投入）、经营活动（日常采购、销售等）、投资活动（购建房屋设备、购买金融资产），去向也是这些活动，所以现金流量表实质就是根据现金账按照三大业务活动中具体的流入和流出项目进行汇总，编制起来也是很容易的。

四、会计报表编制的原则：便于报表使用者阅读和理解

会计报表编制的目的之一就是为了节约报表使用者的时间，便于他们在较短时间通过阅读报表了解企业，因此，**会计报表的编制就是根据报表使用者的需求对账簿进行重新分类和汇总。**

首先，为了节约使用者的时间，不能什么都弄到报表上去，比如资产、负债、所有者权益账户的**增加发生额和减少发生额，这些数据的决策价值不大，就不要汇报，所以资产负债表只用这些账户的余额编制**。损益类账户余额为零，股东和债权人主要关注的是当期收入和费用发生总额，因此，利润表（综合收益表）只用损益类账户的发生额编制就可以了。

其次，还是为了节约报表使用者的时间，**性质（这个词应该用到资产负债表）或者功能（这个词应该用到综合收益表和现金流量表）相同的就汇总表示**，比如资产负债表中的货币资金，就是现金、银

行存款、其他货币资金三个账户余额的合计，存货就是原材料、库存商品、在途物资、周转材料、委托加工物资等账户的余额合计。利润表中的营业收入，就是主营业务收入、其他业务收入账户的发生额合计。

再次，不能给报表使用者造成误导，**性质不同的就不能合并，也不能抵消**。比如，由于客户在归还欠款的时候预付了一部分下次购货的定金，导致应收账款明细账的余额出现在贷方，这部分实际上是预收账款，我们企业还欠着人家的货，属于负债。这就不能和应收账款其他的借方明细抵消，应收账款的贷方明细（实际为预收账款）应该和预收账款的贷方明细合并，填写在资产负债表的预收账款中。所以，**资产负债表上，预收账款金额 = 预收账款贷方明细金额 + 应收账款的贷方明细金额**。同理，**资产负债表上，应收账款金额 = 应收账款的借方明细 + 预收账款借方明细 - 坏账准备，资产负债表上，应付账款的金额 = 应付账款的贷方明细金额 + 预付账款的贷方明细金额，资产负债表上，预付账款的金额 = 预付账款的借方明细金额 + 应付账款的借方明细金额**。

还有，不能误导股东，还要注意**资产和负债的时间属性**。比如，某企业 2010 年 3 月借款 100 万元，为期 5 年，在 2014 年 12 月 31 日编制财务报表时，尽管账簿上是记录在长期借款中，但实际还有 3 个月就要到期了，所以就不能写在非流动负债里面，应该写在流动负债的项目中。

最后，尽量别给报表使用者添麻烦。**能不用报表使用者计算的，会计就尽量先算好了**。比如，固定资产项目应该把累计折旧和减值准备减去，直接填写净值，所有的准备类账户都要从相应的资产账户中减去，填写净额。还有就是各种合计，比如流动资产合计、流动负债合计等，都要计算好填写上去。

五、会计报表编制的程序：账务处理程序

这个我们在前几章都涉及了，这里简单介绍一下，会计报表的形成实质是对企业经济活动信息进行筛选、分类、汇总的加工过程（见图 8-3）。

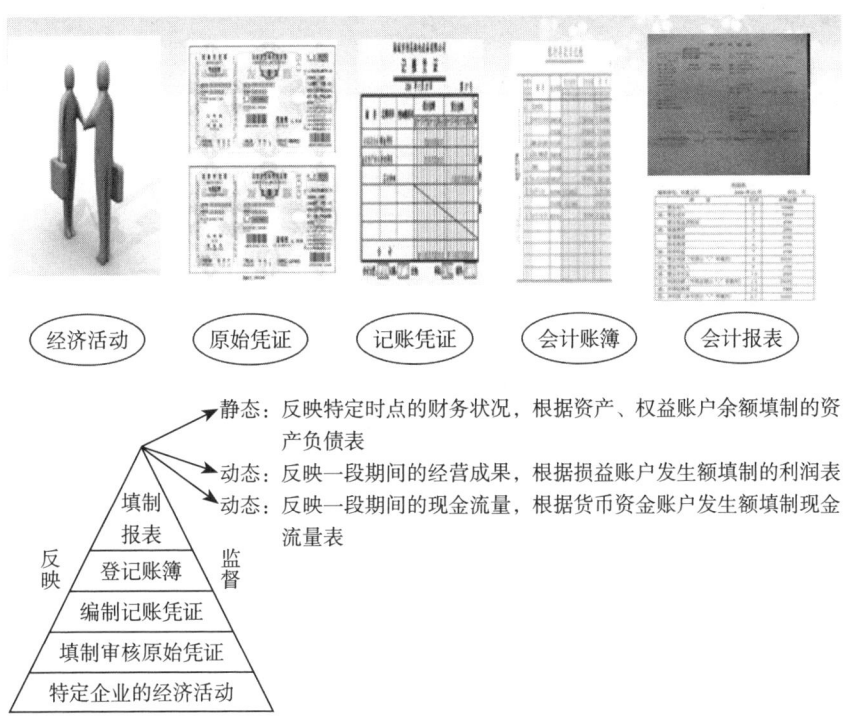

图 8-3　会计报表的形成过程

首先，经办人员根据业务活动填制（入库单、销售发票等）或者取得（采购发票等）原始凭证。

其次，会计审核原始凭证，编制记账凭证（就是我们学的分录写在规定的格式上）。

再次，会计根据记账凭证登记明细账簿和总账（这个现在大多都由财务软件做，过去要强调登记总账的三种方法，也就是三种不同的账务处理程序）。

最后，账簿登记完后，进行对账（账证、账账、账实），根据实账户（资产、负债、所有者权益）的余额编制资产负债表，根据虚账户（损益类账户）的发生额编制利润表，根据现金（现金、银行存款、其他货币资金和部分确定金额交易性金融资产）账户编制现金流量表。

☆☆ 考考你

一、不定项选择题

1. 资产负债表是根据（　　）汇总列报的。
   A. 功能　　　　B. 用途　　　　C. 性质　　　　D. 以上全部

2. 现行的利润表（综合收益表）是根据（　　）列报的。
   A. 功能　　　　B. 事物名称　　C. 性质　　　　D. 以上全部

3. 根据功能（用途）列报，属于动态财务会计报表的有（　　）。
   A. 资产负债表　B. 综合收益表　C. 现金流量表　D. 成本分析表

4. 企业支付上月货款属于现金流量表中的（　　）活动。
   A. 经营　　　　B. 投资　　　　C. 筹资　　　　D. 都不是

5. 企业购买设备支付款项属于现金流量表中的（　　）活动。
   A. 经营　　　　B. 投资　　　　C. 筹资　　　　D. 都不是

6. 企业支付股东红利属于现金流量表中的（　　）活动。
   A. 经营　　　　B. 投资　　　　C. 筹资　　　　D. 都不是

7. 某企业应收账款——A 的借方余额是 50 万元，应收账款——B 的贷方余额是 10 万元，预收账款——C 的贷方余额是 40 万元，预收账款——D 的借方余额是 4 万元，则资产负债表中的应收账款为（　　）万元。
   A. 54　　　　　B. 45　　　　　C. 40　　　　　D. 36

8. 某企业应收账款——A 的借方余额是 50 万元,应收账款——B 的贷方余额是 10 万元,预收账款——C 的贷方余额是 40 万元,预收账款——D 的借方余额是 4 万元,则资产负债表中的预收账款为( )万元。

A. 54　　　　　B. 50　　　　　C. 40　　　　　D. 36

二、案例题

北京涛涛食品公司 2015 年 12 月 31 日有关账户的期末余额资料如表 8-3 所示,有关损益类账户的金额及发生额如表 8-4 所示,根据相关账户资料编制资产负债表和综合收益表。

表 8-3　北京涛涛食品公司账户余额

(单位:元)

账户名称	借方余额	账户名称	贷方余额
库存现金	2 000	短期借款	1 770 000
银行存款	5 980 000	应付票据	681 200
其他货币资金	68 800	应付账款	5 476 000
应收票据	80 000	应付职工薪酬	434 587
应收股利	4 000	应付股利	540 700
应收利息	6 400	应交税费	1 007 500
应收账款	1 452 600	其他应付款	453 450
坏账准备	−46 572	长期借款	5 600 000
其他应收款	14 800	其中:一年内到期的长期借款	400 000
材料采购	252 050	实收资本	11 500 000
原材料	683 450	资本公积	900 000
库存商品	10 038 350	盈余公积	600 000
生产成本	2 123 650	未分配利润	910 391
存货跌价准备	−98 200		
持有至到期投资	1 769 000		
持有至到期投资减值准备	−12 000		
长期股权投资	666 800		
长期股权投资减值准备	−96 600		
固定资产	9 678 200		
累计折旧	−4 663 900		
固定资产减值准备	−90 000		
无形资产	641 900		
累计摊销	−56 900		
长期待摊费用	1 476 000		

(续)

账户名称	借方余额	账户名称	贷方余额
合计	29 873 828	合计	29 873 828

注：①"应收账款"所属明细账户借方余额合计数为1 537 600元，贷方余额合计数为85 000元。

②坏账准备按应收账款和其他应收款期末余额的3%计提。

③"持有至到期投资"中将于一年内到期项目的借方余额为150 000元，计提的减值准备为4 000元。

④"长期待摊费用"中将于一年内摊销的金额为258 000元。

表8-4　北京涛涛食品公司损益账户发生额

（单位：元）

账户名称	借或贷	本年数	上年数
主营业务收入	贷	550 500	330 350
其他业务收入	贷	8 900	13 850
主营业务成本	借	385 000	223 830
其他业务成本	借	6 900	10 870
营业税金及附加	借	27 500	16 500
销售费用	借	18 200	8 950
管理费用	借	37 500	22 500
财务费用	借	8 200	6 550
投资收益	贷	1 200	1 200
营业外收入	贷	400	300
营业外支出	借	600	500
所得税费用	借	25 700	18 280

✩ 答案

一、不定项选择题

1. C
2. A
3. BC
4. A
5. B
6. C

7. A

8. B

二、案例题

资产负债表

编制单位：北京涛涛食品公司　　2015 年 12 月 31 日　　（单位：元）

资产	行	期末余额	负债和所有者权益	行	期末余额
流动资产			流动负债		
货币资金		6 050 800	短期借款		1 770 000
交易性金融资产			应付票据		681 200
应收票据		80 000	应付账款		5 476 000
应收股利		4 000	预收账款		85 000
应收利息		6 400	应付职工薪酬		434 587
应收账款		1 491 472	应付股利		540 700
其他应收款		14 356	应交税费		1 007 500
预付账款			其他应付款		453 450
存货		12 999 300	预计负债		
一年内到期的非流动资产㊀		404 000	一年内到期的非流动负债		400 000
其他流动资产			其他流动负债		
流动资产合计		21 050 328	流动负债合计		10 848 437
非流动资产			非流动负债		
可供出售金融资产			长期借款		5 200 000
持有至到期投资㊁		1 611 000	应付债券		
投资性房地产			长期应付款		
长期股权投资		570 200	专项应付款		
固定资产		4 924 300	其他非流动负债		
工程物资			非流动负债合计		5 200 000
在建工程			负债合计		16 048 437
固定资产清理			所有者（或股东）权益		
无形资产		585 000	实收资本（或股本）		11 500 000
长期待摊费用		1 218 000	资本公积		900 000
其他长期资产			盈余公积		600 000

㊀ 一年内到期的非流动资产 = 一年内持有至到期投资（150 000）- 减值准备（4000）+ 一年内到期长期结摊费用（258 000）= 404 000（元）。

㊁ 持有至到期投资 = 扣除一年到期持有至到期投资（1 769 000-150 000）- 扣除一年到期的减值准备（12 000-4 000）=1 611 000（元）。

(续)

资产	行	期末余额	负债和所有者权益	行	期末余额
非流动资产合计		8 908 500	未分配利润		910 391
			其他综合收益		
			所有者（或股东）权益合计		13 910 391
资产总计		29 958 828	负债和所有者（或股东）权益总计		29 958 828

综合收益表

编制单位：北京涛涛食品公司　　　　2015 年　　　　　　　　（单位：元）

项目	行次	本年数	上年数
一、营业收入		559 400	344 200
减：营业成本		391 900	234 700
营业税金及附加		27 500	16 500
销售费用		18 200	8 950
管理费用		37 500	22 500
财务费用		8 200	6 550
资产减值损失			
加：公允价值变动收益（损失以"－"号填列）			
投资收益（损失以"－"号填列）		1 200	1 200
二、营业利润（亏损以"－"号填列）		77 300	56 200
加：营业外收入		400	300
减：营业外支出		600	500
三、利润总额（亏损总额以"－"号填列）		771 00	56 000
减：所得税费用		257 00	18 280
四、净利润（净亏损以"－"号填列）		514 00	37 720
五、每股收益			
其中：基本每股收益			
稀释每股收益			
六、其他综合收益			
七、综合收益合计		51 400	37 720

Chapter 9 第九章

财务会计概念框架

一个目标,八种要求,
相互平衡,假设环境,
确认账户,计量金额,
奠定基础,形成列报。

一、会计目标与会计信息质量

《孟子·万章下》有这样一段话,"孔子尝为委吏矣,曰:'会计当而已矣。'""而已"一词后世学者解释很多,我就不在此赘述,联系上下文,我的观点是"而已"就是"适当",适当就是不能过,也不能不及,好似中庸,实质是一种妥协。**会计报表的目的是为了满足会计报表使用者的决策需求**,会计报表的使用者包括股东、债权人、国家机关、社会公众等,这些人所要做的决策不同,需求的信息也就各有侧重,在具体实务中有些是矛盾的。

比如,大股东更关注企业管理者是否尽职工作,会计要是采用历史成本计量,则更能显示管理者的绩效(受托责任的履行情况),而债权人侧重企业的债务偿还能力,会计采用公允价值计量更能满足他们的信息需求。再如,对于报表信息的使用者来说,会计信息越准确翔实,对决策越有利,可是会计信息越准确详细,企业的核算成本和内控成本就越高,就会降低企业的效率和竞争力,**而且信息越详细,阅读信息的成本越高**,太详细了也会导致报表的使用者干脆就不看了。

这些矛盾在人类社会的现阶段还没有找到合适的解决办法。因此,我认为会计报表和会计信息就是**相关性**(不同报表使用者的信息需求)和**如实性**(信息的真实详细和准确)的一种**妥协或者说是平衡**吧,而妥协的主要方法就是**重要性**(该项信息的失真程度是否影响报表使用者的决策)。

二、会计信息质量要求:会计目标的具体化

会计目标的具体化见图9-1。

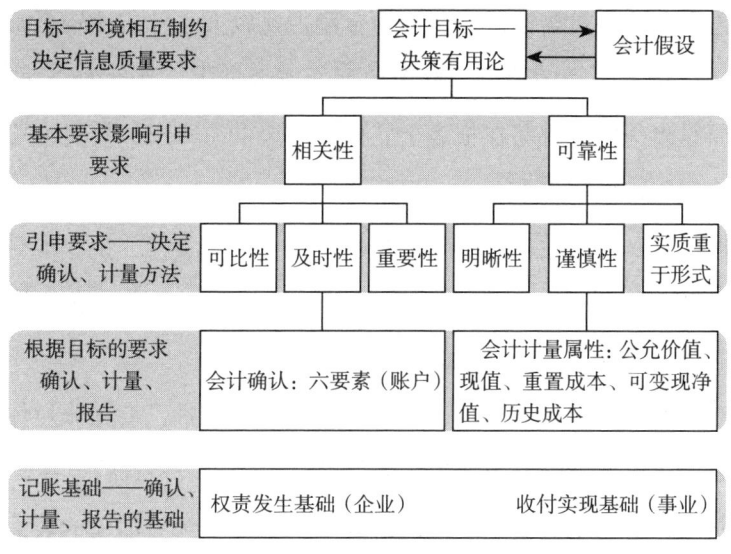

图 9-1 会计目标的具体化

会计信息的相关性体现会计目标，因此相关性是会计信息质量要求的核心。我国财政部会计司司长刘玉廷认为会计信息使用者当中，股东的需求是最全面和重要的，由此，我国的《企业会计准则》主要侧重于满足投资人决策对会计信息的需求。

投资人的决策主要是从众多需要投资的企业中，选择自己最满意的企业进行投资。首先，需要对不同企业的财务指标进行对比。这个对比的前提就是不同企业之间具有**可比性**，也就是**横向上**要求不同企业之间的核算口径保持一致。比如，一家企业将请客户吃饭叫作销售费用，另一家企业记录到主营业务成本，这就没法比了。其次，**纵向上**要求同一企业前后期会计核算方法保持一致，不得随意变更。比如，某上市公司以前按 2% 计提坏账准备，后来一看利润少了，将计提比例改成 2‰ 了，这也破坏了可比性。

其次，**及时性**，企业老捂着财务报表不出来，投资人不就错过了决策的最佳时机了吗？

再次，就是**重要性**，对于那些金额占比较大、性质比较严重、会影响到投资人决策的项目，要单独列示或者披露，其他的合并就行，企业要是事无巨细都写在报表上，成了厚厚的一本书，投资人要挑选企业，一年都挑不出来。

最后，是**谨慎性**。就是不要高估资产、低估负债，企业本身就有讨好投资人的动机，以及高估资产和低估负债的诉求，必须加以限制，否则，不就是骗取股东的血汗钱吗？

对于如实性的具体表现，首先就要满足**明晰性**，会计账户体系设计的逻辑关系要清晰，表达形式要清晰，比如报表格式的设计。

其次，要满足**实质重于形式的要求**，不要被经济活动的表面现象或者法律现象给迷惑了。比如对于融资租赁㊀，表面上看是租赁关系，实质是分期购买货物，所以在会计核算上，一方面要将货物作为租入方的资产，另一方面要将应付租金作为租入方的负债（长期应付款）。

这就是会计信息质量的八个要求，它被写进《企业会计准则》的总则当中，属于部门规章，比具体准则（属于规范性文件）的法律地位要高，这些要求贯彻到具体会计核算方法和会计实务处理中，大家要是把这些理解透彻了，就会理解很多复杂的会计核算方法的原因，也可推理出一些准则上没有具体规定的特殊情况该如何进行账务处理。

三、第一次会议：质量要求与会计假设的会议

八个信息质量要求代表会计目标，实际上会计目标要受到具体历史时期的社会经济环境制约，不同的历史时期，会计目标的侧重各不相同。在古代社会，无论是朝堂上的官厅会计，还是大地主家的账房

㊀ 融资租赁，又称设备租赁，是指实质上转移与资产所有权有关的全部或绝大部分风险和报酬的租赁。

先生，主要的目标都是通过对业务活动进行记录，帮助老大（皇帝或者地主）监督大臣或者仆人是否尽职。因此，这个时期的会计目标是反映受托方（大臣和仆人）的责任履行情况，财务报告以收支报告为主（利润表），比如我国西周时期的九入九出表。

到了近代社会，企业会计逐渐发展起来，早期企业的资金来源主要是业主（合伙人）和债权人，由于这个时期还没有证券市场，投资者们不能通过转让股票、债券获得收益，只能通过企业利润获得分红，而企业的利润和经营者努力程度密切相关。于是，这个时期会计的目标和古代会计目标比较相似，财务会计主要目标就是向股东（资源的提供者）报告职业经理人对资源的经营情况，反映受托人（企业管理层）的受托责任履行情况。这样，利润表就成了会计报表中的老大，会计核算上侧重如实性，都采用历史成本计量。

到了现代社会，由于证券市场的产生和完善，很多投资者和债权人主要通过股票市场转让股票获得资本利差，企业经营者的努力程度已经不是影响股价的唯一因素。因此，从 20 世纪 70 年代开始，美国会计准则委员会提出以满足报表决策需求为会计目标，目前这个观点已经被绝大多数国家接受，资产负债表也就登上了会计报表中老大的位置。为此产生如下变化，在会计信息质量要求方面更侧重相关性，在计量方式上鼓励企业采用公允价值，在收益确定方法上不再强调配比原则（收入和费用对应抵消），而是通过资产、负债差额变化确定。这样，综合收益表从损益变化角度，现金流量表从资金变化角度，分别解释资产负债表期初和期末变化的原因，也就是资产负债表隐含现金流量表和综合收益表，根据资产负债表可以大体推断出综合收益表和现金流量表的内容。

由此可见，会计目标是人们出于自身的需求而对会计的一种期望,这个期望会随着环境的变化而变化,也受到环境制约。比如,如果企业不能持续经营,采用历史成本对资产进行计量就没有意义了。因此,为了实现会计目标,就需要对具体经济环境进行一些假设。下面我就先聊聊代表会计目标的八个要求是如何对具体经济环境进行假设的,从而贯彻了会计目标的要求。这有点像开会,那我们先召集代表会计核算四个假设的先生们出场。会议开始了。

会议主持人:相关性主席。

主要参会人员:八个主席(对应会计信息质量的八个要求)、**会计主体先生、持续经营假设先生、会计分期先生、货币计量假设先生**。

首先,欢迎相关性主席讲话。相关性主席说:"社会上的企业有千千万万,可我的资金是有限的,我要投资的是具体企业,我得比较出哪个企业更适合我投资。"会计主体先生发言道:"是的,主席,我**会计主体**就是要根据您的意图把不同的企业区分开,确定不同企业核算的空间范围,如果您要投资一个集团,我会把一个集团看作一个主体,抵消它们成员之间的关联交易。"

其次,相关性主席又说:"现在市场经济竞争加剧,夸张点说,有的企业今天还在,明天就破产了,会计那一套资产和负债的计价几乎都是没什么实际价值的。"**持续经营假设**先生回答:"报告主席先生,我们也注意到了这种现象,因此,在进行会计核算和编制报表之前,我要对企业的可持续性进行评估,只有在可预见的未来能够正常经营下去,不会破产和清算,才能采用我们现行的准则体系。"

再次,相关性主席又说:"虽然我知道你们企业真正的盈亏只有在停止经营的时候,才能准确地得出,可人生苦短,我们的股东等不了那么久呀。"**会计分期**先生答道:"主席先生不要着急,我们会人为假设企业经营期限分为若干相等的时间段,每段时间期末,我们都假设企业是静止的,然后结算账目、计算盈亏,现在我们分的期限有月、季、半年和年,如果主席先生还不满意,我们会继续研究细分的时间段。"

最后,相关性主席说:"现在地球变成了地球村,交易中有人民币、有美元、有欧元,我看着有点乱,这个该怎么办?"这时,**货币计量假设**先生说:"主席先生不要担心,在我们中国,法律规定企业应当以人民币作为记账本位币,其他币种都要按记账汇率转化成人民币,如果个别外资企业的日常业务都是外币,也可以用外币作为记账本位币,但在给您提交报表的时候一定要转化成人民币。"相关性主席说:"好,想得很周全,既考虑了企业的难处,也满足了我们的需求,是我们的好干部。"

四、第二次会议:会计信息质量要求与会计要素和账户(确认)

(一)筹备会议(财务会计的反映范围:六要素及表外事项)

财务会计的反映范围如图 9-2 所示。

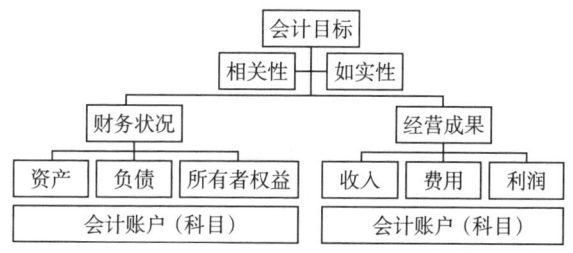

图 9-2 财务会计的反映范围

再次开会。主题是"根据代表会计目标的八个要求进行会计确认",也就是说要解决企业哪些具体业务事件需要会计记录和报告,哪些事件不需要会计记录和报告的问题。

这个会议很重要，是会计实务活动的开始，因此，八个会计信息质量要求主席和四个会计假设先生都参加了会议的筹备工作。

在邀请参会人员的时候，相关性主席提出："首先，由于债权人和股东都十分关注企业的财务状况，所以**邀请代表会计报表财务状况的资产要素先生、负债要素先生和所有者权益要素先生参加**，其次，股东、债权人、税务和员工都关注企业的经营成果，**应当邀请收入、费用、利润三位代表经营成果的要素先生参加**。"

这时，如实性主席补充道："六个报表要素先生虽然很有代表性，但是分类还是太笼统，应当把所代表的具体科目（账户）也邀请来。"明晰性主席紧接着说："对，这样才能**逻辑上更加完整，会计账户汇总成会计要素，会计要素构成会计报表，会计报表满足决策者需求**。"

这时，货币计量先生提出："我认为只能邀请能够用货币表示的事项，那些不能用货币表示的事项，即使能够影响财务状况和经营成果，也不能邀请参会，邀请来了，报表中也不能用金额表示，他们来了多尴尬呀。"

相关性主席说："我不完全同意你的看法，如果影响公司财务状况的重大事项（未决诉讼等）仅因为不能用货币计量就被忽视，会对股东、债权人产生重大误导，违背了会计的基本目标。我的观点是，**对于不易用货币表现的事项，如果能估计一个合理的金额，就用估计金额，如果不能估计，就在表外（报表附注）给予披露**。"

谨慎性主席补充道："我同意相关性主席的说法，对于能合理估计的损失可以用或有负债表示，出于谨慎考虑，对于能合理预计的收益，还是不要体现在表内。"

相关性主席宣布："筹备会议结束，现在邀请会计六要素、会计科目及其他影响企业财务状况的或有（特殊）事项代表入场。"

(二) 正式会议：会计账户设置的理论依据

会议主持人：相关性主席、如实性主席。

主要参会人员：八个主席、会计六要素组、会计科目组、或有事项。

正式会议，相关性主席和如实性主席同时宣布会议开始，首先请六要素先生介绍自己所代表的会计科目。

（1）资产要素先生说："我是历史最悠久的核算内容，我代表的是经济资源，是企业经营的基础，能导致未来经济利益流入。

"首先，根据变现能力分为流动资产和非流出资产。流动资产是一年或者一个营业周期（从采购到销售收现）能够变现的资产，此外，叫作非流动资产。这个划分的主要原因是，变现能力越强，资产风险越小，收益也越小，比如，货币资金存在银行里，风险很小，收益也很少。通常变现能力越弱、风险越大，收益也越大，比如在建工程，需要花很多钱，很多年后才能产生收益，风险很大，但是一旦项目建成，收益也是很大的。这样划分主要是为了**满足不同投资者对企业风险和收益的分析，帮助风险偏好不同的投资者进行决策，体现了相关性主席的要求。**

"其次，根据如实性和相关性要求设置资产的主要账户。无论是对于流动资产还是非流动资产，都主要依据性质进行具体科目的划分。尽管按照具体用途划分资产更能满足相关性的要求，但是在企业中，资产的用途方式很多，不易表现，更重要的是大多数资产的用途是随着经营环境的变化而变化的，很不稳定，因此，考虑到现实环境的制约和如实性要求，**具体账户的设置根据资产的性质和用途。**比如货币资金（库存现金、银行存款、其他货币资金）、应收账款、预付账款、无形资产、在建工程等账户就是按照资产的性质划分的。而对于金融资产账户的设置则主要体现相关性（用途）要求，比如对于企业购买的金融资产（股票、债权、基金、衍生工具等），如果是以短期获利为目的，就设置为交易性金融资产账户，如果准备持有到期获得利息收益，设置为持有至到期投资账户，如果是以控制和影响被投资单位经营为目的的，划为长期股权投资，如果是以特殊目的持有的（盈余管理目的），划为可供出售金融资产。再比如，如果是以出售为目的，就是存货，以为生产经营服务为目的的就是固定资产。

"再次，根据相关性、谨慎性、如实性要求设置资产类补充账户。

"企业在经营中会遇到各种各样的风险，比如，应收账款可能收不回，存货可能低于账面价值，固定资产和无形资产能提供的价值可能远远低于其账面价值，等等。这些如果以账面价值表示在报表上，可能会误导报表使用者，因此，根据相关性和谨慎性原则，设置坏账准备、存货跌价准备、固定资产减值准备、无形资产减值准备等账户。另外，企业的固定资产、无形资产在使用过程中，价值逐渐消化，但是它们的实物形态变化不大，而且其价值减少的金额也是人们主观估计的，因此，考虑谨慎性和如实反映这种特殊情况，设置累积折旧和累积摊销表示其价值消耗。

"最后，根据如实性、相关性、重要性设置明细科目。

"为了体现可比性，我国一级科目是财政部门统一规定的，明细科目是企业会计根据需要自行设置的。设置明细科目的时候，首先考虑明细科目级次（层次），虽然层次越多核算越详细，但是核算成本也越高，要根据企业的管理需要确定（相关性）。其次，考虑如实性，企业有哪些具体资产就设置哪些具体账户，比如，食品厂的产成品只有面包和麻花，就设置面包和麻花作为明细账户。最后，考虑重要性，金额较大的材料就单独设为明细科目，金额较小的就合并设置明细科目。比如食品厂的原材料有面粉、白糖和各种食用色素，面粉和白糖这种金额较大的就单独设为明细科目,各种食用色素金额较小,就合并为辅料明细科目。再比如,销售面包给小人家公司未收到货款,应收账款和主营业务收入的明细解释实际上有两个属性,一个是小人家欠款,一个是销售的面包,从重要性角度和明晰性角度来看,应收账款侧重的是谁欠钱,应该设置小人家公司为明细科目,主营业务收入通常侧重销售了什么,就按照面包设置明细账户。如果有的企业也关注不同客户给企业提供了多少收入,可以按照客户设置备查账,进行统计。"

资产类科目分类的依据见图 9-3。

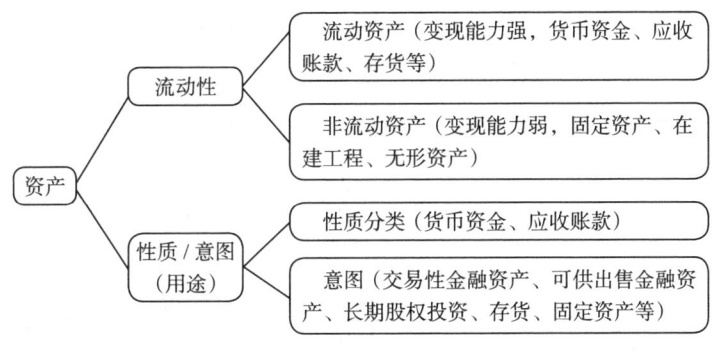

图 9-3 资产类科目分类的依据

资产要素先生发言完毕后,相关性主席说:"资产要素先生的发言很系统,讲到会计科目设置需要考虑相关性和如实性的平衡,需要考虑各个会计信息质量的要求,这个很好,提到了明细账户设置的要求,这个其他要素也是适用的,下面请负债要素先生讲话。"

(2)负债要素先生讲道:"我和资产要素相似,首先根据相关性要求划分为流动负债和非流动负债,原因很简单,通常流动负债是当年就需要偿还的,对企业的当前资金影响非常大,弄不好企业资金链断裂,是会破产的,长期负债的压力主要在以后。其次,具体负债的划分要根据债务来源,比如来源于银行等金融机构的叫作长期借款和短期借款,来源于供应商的叫作应付账款,来源于客户的叫作预收账款，来源于（欠）税务的叫作应交税费，来源于（欠）员工的叫作应付职工薪酬等。最后，也是我要特别强调的，设置负债类账户的主要依据还是满足相关性要求，有些即使没有形成负债，也要通过负债账户过渡一下。比如，假设某企业当月薪酬当月都发放了，企业在当月没有形成薪酬负债，也不能直接'借：费用成本，贷：银行存款'。这样的核算虽然体现了如实性要求，但是没有通过应付职工薪酬账户，就不易统计当期职工的薪酬应付和实付的数据，不能满足股东、债权人、国家和员工等报表使用者对薪酬数据的需求。因此，当如实性和相关性不一致的时候，相关性优先，要设置相关账户（应付职工薪酬、应交税费、预计负债等），调整如实性以满足相关性的需求。"

负债类科目分类的依据见图9-4。

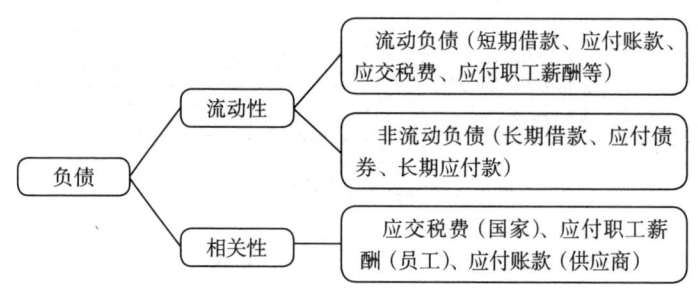

图9-4 负债类科目分类的依据

（3）负债要素先生发言完毕后，所有者权益要素先生发言："股东非常关注哪些是股东投入的，哪些是企业收益留存的。因此，根据股东需求，所有者权益分为两类：**一类是股东投资的，**具体包括股东首次直接投入计入注册资金的部分，计入**实收资本账户**；另一部分就是股东后续投入的，投入部分大于其享有权益部分计入**资本公积账户（包括等待以后转入资本后的溢价，比如可转换债券和认股权证的公允价值部分）。**

"**另一类是留存在企业中的收益**，根据是否影响当期损益，分为**期间损益所得和其他综合收益所得**。期间损益所得就是，企业在日常经营中形成的收益（收入和部分利得）与费损（收入和部分损失）抵消后形成的利润。利润除去分给股东红利后形成留存收益，主要分为可供股东以后分配利润的未分配利润账户，和留在企业中为了以后应付风险或者转增资本的盈余公积。其他综合收益就是除了期间损益所得以外的收益，主要是一些特殊目的收益，其中大部分在未来是可以转入期间损益的。"

所有者权益要素先生刚说完，可比性主席就说："我反对你这样的分类，你所说的特殊目的主要不就是让企业进行盈余管理吗？同样是公允价值变动，交易性金融资产、投资性房地产都计入当期损益，你为什么不计入当期损益，而要计入其他综合收益？"

这时，如实性主席解释道："企业管理者确实有划拨一部分资产，让这部分资产的收益在经营状况不好的时候释放，这样做体现了如实性要求呀。而且，如果不让企业这样做，企业很有可能会滥用会计估计，比如调高或调低坏账准备的估计比率，这些做法对报表相关性和如实性伤害更大，因此，我同意这样分类。"

相关性主席说："好吧，就这样吧，保留其他综合收益吧，下面请收益类先生发言。"

所有者权益科目分类的依据见图9-5。

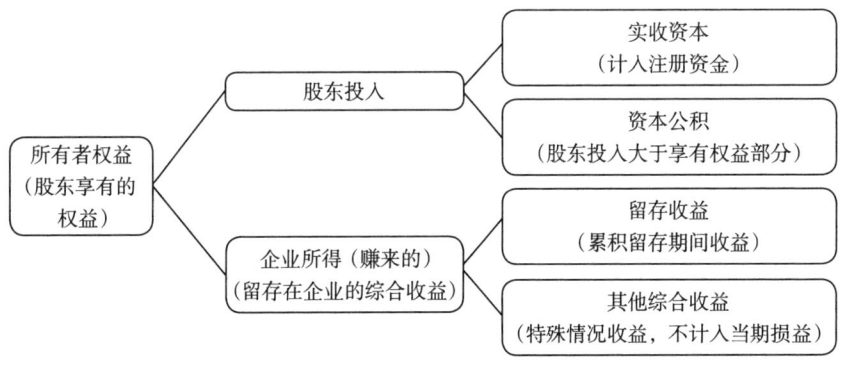

图9-5 所有者权益科目分类的依据

（4）收益类先生发言道："我本来是所有者权益先生家族的成员。收益增加，所有者权益就增加，由于股东十分关注收益，根据相关性和重要性的要求，我平时分出来单独核算，期末的时候，还是要回归到所有者权益家族中，和费损类抵消后形成利润。

由于投资者关注收益的稳定性，因此，收益分为日常的和非日常的（偶发的）。日常收益分为主营业务收入（如销售产品等）、其他业务收入（如销售材料等）、公允价值变动损益（收益部分）、投资收益（限于日常所得）；非日常的叫作利得，主要包括营业外收入、投资收益（非日常部分），还有一个特殊情况，比如，可供出售金融资产的公允价值变动如果直接跑到所有者权益家族里了，就不算在我这里了。"

收益类科目分类的依据见图9-6。

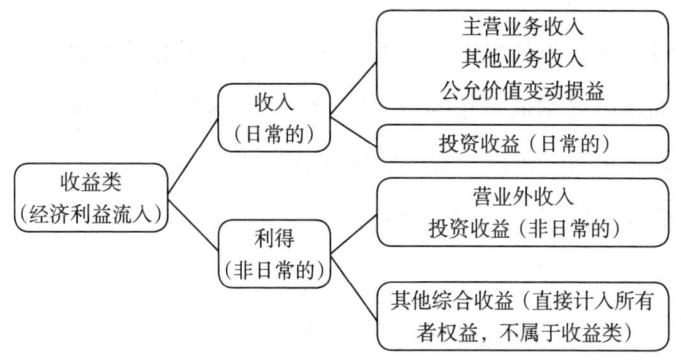

图9-6　收益类科目分类的依据

（5）费损类先生接道："我和收益类先生差不多，只是收益类核算利益流入，我核算利益流出，我原来也是所有者权益先生家族的，后来平时单独出来核算，期末的时候也回到所有者权益家族，和收益抵消后形成利润。我也分为日常的和非日常的，日常的包括主营业务成本、其他业务成本、投资收益（损失部分）、公允价值变动损益（损失部分）。非日常的包括营业外支出、资产减值损失、投资收益（非日常部分)。当然,其他综合收益也会算在我这儿。"

费损类科目分类的依据见图9-7。

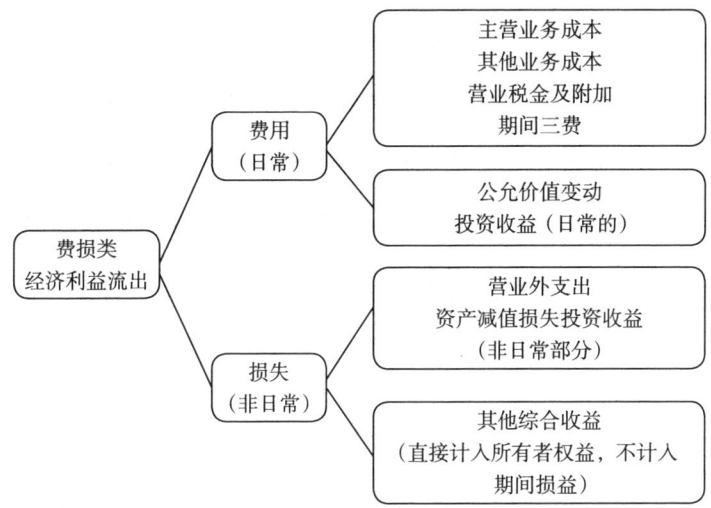

图9-7 费损类科目分类的依据

(6)这时利润先生道:"其实我就是所有者权益家族成员,收益和费损在期末的时候,在这里抵消形成当期利润,利润分配后,就形成未分配利润和盈余公积。所以我没什么好代表的,国际会计准则委员会就没把我单独作为要素,不过还是中国好,让我成立单独要素,地位上升了,感谢!"

六个要素先生发言完毕后,及时性主席提出了一个问题:"什么时间进行确认?"会计分期先生答道:"不能提前,不能滞后,本期间业务活动要在本期间确认,提前了就不准确,比如按照经济合同、采购订单入账就不靠谱,万一没执行怎么办?也不能太靠后,2014年销售,2015年确认收入也不合理。"这时,货币计量先生又提了一个问题:"确认完账户后,用什么方法计量呢?"相关性主席说:"这是个大问题,今天不早了,下次会议再讨论吧。"

五、第三次会议：会计信息质量与五个计量属性（计量）

主要参会人员：八个主席、五个会计计量属性。

第三次会议准备召开，这次我们邀请了代表会计计量属性的五位先生来到会场。现在会议开始，大家开始站队，围绕相关性主席和如实性主席一字排开，主要体现相关性主席要求的站左侧，主要体现如实性主席要求的站右侧。从左到右队形如下：公允价值、现值、重置成本、可变现净值、历史成本（见图9-8）。

相关性			如实性	
公允价值	现值	重置成本	可变现净值	历史成本

图9-8 五种计量属性

首先，相关性主席说："这是一个困惑了我几百年的问题，我既代表股东（大股东和小股东），还代表债权人，甚至还代表国家（税务机关等），我一直想让以上三方都满意，可是大股东需要考核高管的业绩，他们需要用历史成本计量（用**发生时候**的成本，不受市价影响），债权人想用公允价值计量（参与者在**计量日**，通过主要市场上有序交易的价格），而税务机关又要考虑国家政策和企业支付能力，大家想想，这些矛盾该怎样解决。"

这时，**历史成本**先生首先发言："我认为在我国现阶段，市场机制不十分完善，而且，管理层考核应该主要注重经营活动业绩，所以，计量应该以历史成本为主，特别是在经营活动中的资产和负债应该采用历史成本。"

接着，**公允价值**先生发言："对于存在活跃交易市场的资产，比如股市、债券、房地产，应该以我公允价值计量，这样的计量会让资产价格更真实，满足债权人的需求，也不会严重影响股东需求。"

相关性主席说:"只好这样吧。"

这时,谨慎性主席又说了:"我提醒各位一下,现在技术进步得很快,很多企业的存货成本要比市价高得多,这样计价对股东和债权人都是一种欺骗呀!"

可变现净值先生答道:"对于存货等,可以采用可变现净值计量(当时的市价 – 变现过程发生的成本),对于应收账款、固定资产、无形资产、长期股权投资等,都可以计提减值准备。"

谨慎性主席说:"好,你们想得很周全。"

接着,如实性主席说:"现在有些企业会签期限非常长的合同,比如,有的企业为了把货物卖出去,甚至同意对方三年内分期付款,还有融资租赁的那个长期应付款等,大家想想,几年后的100元和现在的100元价值能相等吗?"这时,**现值**先生回答:"主席先生,这种情况,准则要求采用现值计量,就是通过复利的方法把未来的钱折成现在的价值。"如实性主席说:"这样还行。"

大家正准备散会,**重置成本**先生着急地说:"要是企业突然盘盈了一台固定资产什么的,历史成本也找不到了,就用我(现行成本)计量吧。"

大家笑了笑,第三次会议终于艰难地结束了。

六、第四次会议:会计信息质量要求与会计记账基础

主要参会人员:八个主席、两个记账基础。

由于上次会议太累了,这次会议我们只选择了两位记账基础同志,他们分别是来自企业代表队的"**权责发生记账基础**"和来自行政事业单位代表队的"**收付实现记账基础**"。

首先还是请大家听相关性主席讲话："欢迎两位参会，我受如实性等七位主席委托和大家探讨一个问题。由于存在会计分期，比如1月份销售的货物，2月份收到款项，这个收入应该确认在1月还是2月呢？"

权责发生同志答道："主席先生，我认为企业应该采用权责发生作为记账基础，以当期经济活动的发生（不考虑款项的收付）确认收入和费用。比如，今年1月份我们企业加班加点生产和销售了1 000万元的货物，2月份我们放了一个月的年假，但1月份的销售款项是在2月份收到的，会计应该在1月份确认收入为1 000万元，2月份确认收入为0，这样才符合企业的真实情况。再如，我们企业在1月份支付了2年的房租240万元，实际上在1月份我们只用了1个月的房租，要是按照支付的240万元作为费用，显然会导致1月份的利润不合理，按照使用房子的活动发生的时间1个月10万元才合理。又如，在1月份，有个客户破产，欠我们公司50万元无法收回，可是货物是去年销售的，都作为今年的损失也不合理，应该在去年销售的时候提取坏账准备……"

相关性主席说："权责发生同志，你的意思大家都明白了，你说得很好，企业就应该以你作为记账基础。作为**会计确认、计量、报告的基础**，你会贯穿整个会计核算期间的各种业务。但是，如果一直比如下去，今天大家就只能睡在会议室啦。"

接着，**收付实现**同志说："行政事业单位是不计算利润的，**收到款项就确认为收入，支付款项就确认为支出。这样简单清晰，而且，不存在人为的主观估计。**比如，销售时计提坏账准备，你能估计得十分准确吗？你估计的比例会不会有其他目的？因此，行政事业单位应该采用收付实现基础。"

相关性主席说:"你说得很好,行政事业单位就该用收付实现作为记账基础。"

七、形成列报

我们胜利召开的四次会议成功解决了现有假设环境下,为实现会计目标及会计质量要求,如何进行会计确认(账户)和会计计量(金额)的问题。这两个关键问题解决后,就可以通过复式记账法登记账簿,形成会计报表,后面的问题比较简单,大部分可以通过计算机自动完成,这四次会议的成果是伟大的。

经营活动与核算环节见图9-9。

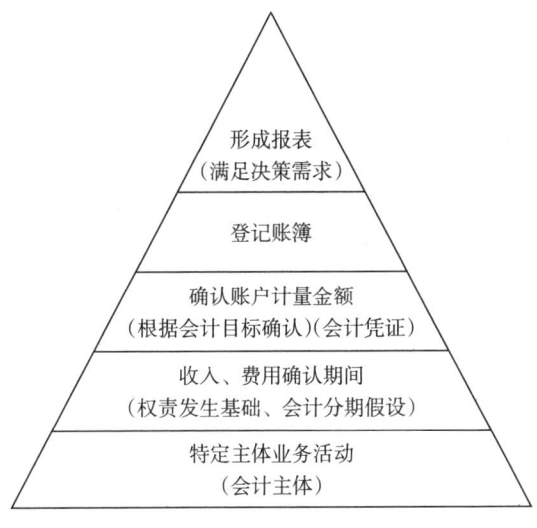

图9-9 经营活动与核算环节

☆☆ 考考你

一、不定项选择题

1. 可比性要求(　　)。

A. 不同企业的核算口径要一致

   B. 同一企业前后会计期间的核算方法要一致，不得变更

   C. 同一企业前后会计期间的核算方法应当一致，不得随意变更

   D. 总账会计科目应由财政部门统一规定，各企业不得随意命名

2. 下列哪些情况体现了谨慎性？（   ）

   A. 计提各种减值准备

   B. 使用可变现净值计量属性

   C. 使用公允价值计量属性

   D. 对于金额较小且性质不重要的事项给予合并表示

3. 属于会计核算假设的有（   ）。

   A. 会计主体   B. 权责发生   C. 货币计量   D. 相关性

4. 可以采用公允价值计量的有（   ）。

   A. 存在活跃交易市场的投资性房地产

   B. 从股市上购买准备获取差价利润的股票

   C. 存货

   D. 应收账款

5. 应采用现值计量的有（   ）。

   A. 盘盈的固定资产   B. 应收账款   C. 长期应收款   D. 长期应付款

6. 关于会计分期，下列说法正确的有（   ）。

   A. 会计期间为日、周、月、年

   B. 会计分期便于结算账目、计算盈亏

   C. 会计分期是产生权责发生和收付实现记账基础的前提

   D. 以上都正确

7. 某单位4月收到上月销货款项10万元，当月销售30万元货物，收到25万元货款，当月支付本季度房租6万元，如果采用权责发生基础，收入和费用分别是（   ）万元和（   ）万元。

   A.30   B.2   C.35   D.6

8. 题目同上，如果采用收付实现基础，收入和费用分别是（   ）万元和（   ）万元。

   A.30   B.2   C.35   D.6

9. 下列描述中，符合权责发生基础的有（　　）。

   A. 有利于利润的合理

   B. 比较烦琐

   C. 存在着一定的主观估计和判断，可能会给企业进行盈余管理预留空间

   D. 简单

二、思考题

试着根据会计目标、八个会计质量要求、四个假设、五个计量属性和两个记账基础、六个要素，画出一张会计理论体系框架图。

答案

一、不定项选择题

1. ACD
2. AB
3. AC
4. AB
5. CD
6. BC
7. AB
8. CD
9. ABC

二、思考题

略。

✩ 拓展阅读：资产小传

先看一份有关资产的简历：

姓名：资产　　　　　　　出生日期：新石器时代

家庭地址：暂居地球　　　联系方式：眼耳口鼻舌身意（佛教用语，可慢慢体会）

本质：导致未来利益流入的经济资源或者权利

特长：虽然能繁衍更多资产（经济利益）来满足人的欲望，但同时也会刺激更多的欲望产生，在人类毁灭之前永远增长但永远达不到目标

社会关系（比较复杂）

父亲：权利　　母亲：资源

爷爷兼儿子：需求（欲望）

恋人（追随者）：货币计量　　影子：权益

这么复杂的社会关系，估计大家看着有点晕了吧，不仅大家搞不懂，就是国际顶级的会计专家意见也不一致，各有各的观点，以至于美国会计准则（US-GAAP）、国际会计准则（IFRS）对于资产的定义也有所不同。

（一）资源和权利的结晶：资产的本质

我们还是从生命的起源聊起，遥想当初，混沌初开，宇宙中一个蓝色星球（地球）由于各种因缘际会，诞生生命，于是乎，各种动物在本能的驱使下不断繁衍、发展。开始的时候，动物很少，各种动物都可以过着衣食无忧的生活，愉快地在一起玩耍。可是随着时间的推移和自然环境的变化，动物的种类和数量越来越多，但自然资源总量变化不大，一些大型动物，比如老虎为了能获得足够多的食物，就占

据了一座山,不让别的老虎过来抢食(一山不容二虎),这座山的自然资源就成了老虎的专有资源。老虎凭借自己的力量成为山的所有者,山也就成了老虎的资产。可见资源要转换成资产,需要具备两个前提条件:**一是能在未来带来经济利益(老虎未来有东西吃),二是具有权属关系(这个山属于老虎),两个条件缺一不可**。例如,只能带来经济利益而没有权属关系的阳光、空气等,虽然给人和动物带来了很大的利益,但是没有人或者动物可以完全占有,并且获得阳光也不会付出很大的代价,因此,也就不会被人们特别关注和计较,也就不属于资产。因此,我认为资源是资产的妈妈,权利是资产的爸爸,资产是资源和权利的结晶,没有必要去争论资产到底是资源还是权利。

(二)资产的追求者:货币计量

资源有多有少,权利有大有小,比如有两座山,山上都有很多兔子,这两座山哪座的资源多呢?这个问题,估计老虎是想不明白的,就是旧石器时代的猿人也很难想明白,直到新石器时代,才有可能解决这个问题。新石器时代的先人是有自己的想法的,而且喜欢把自己的想法表达出来,他们不仅会按照自己的意愿去磨制石头、饲养动物,还会通过用绳子结大疙瘩来表示事物,这样他们就可以用数来计量资产的多少了,就可以比较每座山资源的多少了。

实际上,山上不一定只有兔子,可能还有狐狸、梅花鹿、野猪等动物,比如一座山上只有100只兔子,另一座山上只有20只狐狸,这两座山哪个资源多呢?这个问题让新石器时代的人也困惑了,直到人类进入文明时代(奴隶社会),货币诞生了,通过货币分别表示兔子和狐狸的价值才能知道谁的资源多。比如一只兔子10元,一只狐狸100元,那么,兔子山的价值只有1 000元,狐狸山的价值却有

2 000元，显然狐狸山的资源要大于兔子山的资源。

由此可见，货币就是为了计量资产而诞生的，也就是说：先有资产，后有货币。因此，货币计量总是追不上资产发展的速度，总会有些资产在当时是无法计量的。比如古代的"和氏璧"，尽管人们都认为是资产，但是没有办法用货币表示，就不能确认为资产（**资产的确认是以货币计量为前提的**），也无法体现在官厅会计的报表上（**没有金额，无法汇总**）。但是到了现在，人们可以通过玉器交易市场来对其进行货币计量了，就可以确认为资产，体现在会计报表上。

再比如，在2006年以前，由于我国当时没有针对金融工具的会计准则，我国会计界中对于认股权证、看涨期权、看跌期权等金融衍生工具，尽管从概念上也认为这些属于资产，但是没有货币计量的方法，会计核算上也没有确认为资产。2006年以后，由于财政部门颁布了《企业会计准则第22号——金融工具确认和计量》，认股权证等就可以通过公允价值（包含估值技术）给予货币表示，在会计上也就确认为一项资产。

不但过去这样，现在也有无法用货币计量的资产，如企业中的人力资源能够给企业带来经济利益，可是无法用货币计量，因此属于资产，但不能在会计上确认为资产。为此，现在很多会计专家都在探讨如何用货币来表示人力资源，相信在未来能找到合适的计量方法来表示人力资源等。解决这项资产的计量后，估计人类又会创造出更复杂的资产，还会有货币无法表示的资产。

资产和货币计量的关系就像一对苦恋的情侣，货币计量是资产的追随者，资产跑，货币计量就追，但是货币计量永远也追不上资产的步伐。有点悲伤，不过恰恰是这种关系，才激发人们演绎出种种精彩的会计计量方法。

(三) 资产的影子：权益

资产这位大美女，不但后面有货币计量这个痴情汉在苦追，身边还有个影子相伴，这个影子就是权益。资产和权益同时诞生于新石器时代，那时候人类的智慧之光照到资源的时候，一部分资源就演化成资产，而它的影子就形成了权益。实际上，资产和权益是资源的两个方面，资产表示资源占有形态，权益表示资源的权属关系。比如，资产可以表现为货币资金、材料、商品、设备、房屋、专利权、收款权，权益就表示这些资源都是谁的，属于股东的有多少，属于债权人的有多少。再比如，张三公司保险柜里有100万元人民币，从占有形态上看是资产，如果这个钱是张三公司借来的，从权属关系上看就是负债，如果这个钱是股东张三投入的，就是所有者权益。这样这100万元既可以是资产，也可以是负债或者所有者权益，由于它们只是对同一资源从不同角度进行的描述，因此，在金额上也是相等的，资产多，权益也就多，资产少，权益也就少。为了分清两者，资产多了就记录到左边（借方），权益多了就记录到右边（贷方）。

(四) 有点绕的关系：资产和损益

在人类社会的早期，借债活动很少，也很少有人投资别人的企业。这样，资产多了就是收益（收入和利得），资产少了就是费损（费用和损失），实际上用资产的增减来表示损益。

后来，为了方便筹集资本，不仅企业借款活动比较多，还经常邀请股东增加投入。这样，资产多了，就不一定是企业的收益了，还有可能是企业借来的，或者股东新增的投入；资产少了也不一定是费损了，还有可能是还债了，或者给股东分红了。损益就不能只用资产来表示了，还要考虑到负债和所有者权益的变化，比如收益的定义就是，"导致所有者权益增加（资产增加但不是借来的，或者负债减少但不是还债了）且与所有者投入资本无关（并且也不是股东投入的）的经济利益总流入"。**也就是说，在没有股东投入的前提下，企业的资产增加（不是借来的，负债没变），或者负债减少（不是还债了，资产没变），只能是企业资本自身增值了，是收益。**钱多了，不是别人给的，也不是借来的，自然是收益了。

同理，费损的定义是会导致所有者权益减少（资产减少不是还债，或者负债增加不是借款）且与向所有者分配利润无关（并且也不是给股东分红）的经济利益总流出。**也就是说，在没给所有者分红的前提下，企业的资产减少（不是还债了，负债没变），或者负债增加（不是借款了，资产没变），只能是企业资本减值了，属于费损。**钱少了，没分给股东，也没借给别人，自然是自己消耗或者损失了。

现在不但可以用资产等来表示损益，而且可以用损益来表示资产。资产是能带未来收益的经济资源，**理论上把相关的未来收益折现就是现在的资产了**，但是未来收益是很难预计的，就是预计出来也不一定靠谱，所以这种方法用得不多，通常用于一些衍生金融资产的计量，以及固定资产减值测试的情况。

（五）欲海无边：资产和需求

资产是由于人类对权利的追求才由资源转化而来的。人们之所以追求权利，往往是因为权利能满足人们的需求（欲望）。比如，一个农民要想一个人吃饱，就需要占有一小块土地，要想一家人吃饱，就得占有大一点的土地，要想子子孙孙都吃饱，就得占有比较大的土地。要想生很多子孙，可能需要娶很多媳妇，就得有很多钱，甚至还得雇用打手，这些都需要占有更多土地……因此，欲望产生权利，权利与资源结合生下了资产，资产的种类繁多，又刺激人的欲望产生。这样，资产又促生了欲望，欲望再产生权利，权利再产生资产，只要人类不灭，就会欲海无边，资产也随之无限发展，各种精彩也会随之无限呈现。

Chapter 10
第十章

漫谈会计法（依据会计从业资格考试大纲编写）

会计法，分四层，人员机构，可有可无。

核算证账表，监督分三类，若违规，受二责。

法过去写作灋，一边是水，表示公平，另一边是廌，指古代的一种独角兽（见图10-1），路见不平就去顶。由此可以看出，我们的先人认为**法是神维护大家公平的一种方式**，这与西方国家神创造法的本质是相似的。

实际上，我们都没见过神，法显然不会由神创造，而很有可能是一些人为了获得某种利益而创造出来的。还是马克思说得比较实在，他说**法是统治阶级意志的体现**。

图10-1　廌

人的天性是追求自由的，被统治阶级也要表达自己的意志，而统治阶级不让他们表达，双方打起架来，这叫阶级斗争。可是总斗争，大家无法过安生日子，无论对统治阶级还是被统治阶级来说都不舒坦。于是卢梭说了，同在一片蓝天下，大家今生能遇见都是缘分，尽管大家意见、利益或有不同，甚至相互矛盾，但我们应该彼此理解和宽容，签订一个契约，谁也别伤害谁，谁要是违反契约，大家就惩罚他。可是人太多，达成一个行为契约很难；而且，谁去判断违反契约的情况，谁去惩罚违反契约的人，评判者会不会也违反契约等，这些问题都不好解决。

对于前一个问题，西方人采用古希腊民主选举的方式，对于后面的问题，**孟德斯鸠先生提出立法、司法和行政三权分立，相互牵制和监督**。比如立法当中如果出现一些坏蛋，他们立了一个法，要把全国的土地和财产都归他们这帮坏蛋所有，司法就不会同意，你这是违宪呀，人人平等，凭什么土地和财产都归你们所有，行政更不干了，你让我去抢大家的土地和财产，这不是让我找打吗？受其他二权的牵制,这个恶法就无法实施了。

由此可以看出,这种模式是防止一方作恶的最佳方法,世界上大多数国家都采用这种模式,三权分立也是现代的法治基石,不仅国家的治理结构如此,就是公司管理模式也是如此。**我们国家的《公司法》就规定,公司的治理机构包括董事会、监事会、管理层,和三权分立的思想有几分神似。**由此可以看出,**法是调整各种社会关系的一系列契约(规范)**,而这些契约通过民主的方式得到大家的认可,并由权力机关保证。

一、会计法律制定构成体系:会计法,分四级

上面我们说到,法是调整各种社会关系的,社会关系的种类太多,调整不同关系就形成了不同的部门法。调整政府管理国家的关系法叫作行政法,调整平等主体之间财产关系的法叫作民商法,调整经济关系的法叫作经济法。由此,**调整会计关系的法律规范就叫作会计法**。具体来说,会计关系主要包括两个方面,一方面是会计机构和人员在进行会计核算和监督时发生的经济关系,另一方面是国家管理会计机构发生的经济关系。

会计的核算和监督涉及企业经济的各个方面,只有一部由人大常委会(记住,**法都是人大或者人大常委会制定的**,其他机构没有这个权利,权利来自人民)制定的会计法是不够详细和完整的,为此,国务院还制定了《企业财务会计报表条例》(记住,**后缀条例的,一定是国务院制定的,叫作行政法规**)等作为补充,**国务院的直属部门,比如财政部、国税总局、中国人民银行等也要制定一些具体执行办法**,比如财政部制定《企业会计准则》《小企业会计准则》《会计从业资格

管理办法》《会计档案管理办法》等,**这些叫作部门规章**。我们国家幅员广阔,各地经济发展水平和文化各有特色,**各省、自治区、直辖市的人大或人大常委会还可以制定地方性法规**,以适应本地经济发展。

二、会计法律关系的主体:会计机构和人员

既然会计法律规范是调整会计关系的,那么**会计法律关系的参与者就是会计法律关系的主体**,参与会计关系的主体有很多,比如,国家的监管部门(财政部等)、有业务往来的其他单位等,其中最重要的就是会计机构和会计人员了。下面我们就根据会计法说说会计机构和会计人员(**这里主要讲与会计从业资格考试相关的**)。

(一)办理会计事务的组织形式

我国《公司法》规定,公司成立后的15天内,应该依法建账。也就是说,所有的公司都得要通过建立账簿来核算和记录企业的经济活动。可是一个公司如果非常小,只有三四个人,再雇一个专职会计,显然会增加企业的负担。对于这种情况,《会计法》通情达理地规定公司可以没有会计人员,通过**代理记账机构(县级以上财政部门批准,许可证书由财政部统一印制)**代理记账。当然,如果企业需要专职的会计人员,但不想成立专门会计机构,也可以在其他部门,比如综合部设置专职会计人员,这种情况需要**指定一人为会计主管**。对于规模较大的企业,最好还是成立单独的会计机构,并**任命会计机构的负责人**。

（二）会计人员的任职资格

会计机构负责人和会计主管尽管所在的单位可能大小不同，但是在法律地位上是相同的，所以他们的任职资格也是一样的，要求**首先要有会计从业资格证书（简称"会计证"），其次应具有会计师以上资格或者三年以上会计工作经历**。要是我脑子笨学习不好，考不下会计师，熬上三年，也有当会计主管的资格。这个会计机构负责人（会计主管）属于中层领导，他的上面可以是财务副总（财务总监）或者是总会计师。设置总会计师就不能设置财务副总了，免得冲突。**要具备当总会计师的资格，必须在考取会计师资格后主管三年以上的财务工作才行，这是国务院规定的。**

说完了中高层管理人员，我们说说普通的会计岗位人员。在我国从事出纳、会计核算、财务报表编制等工作必须先考取会计证。需要注意的是：**超市的收银员、医院的划价员、注册会计师（实际上是社会审计）、内审员（单位内部的审计）是不需要考取会计证的。**我们国家每年都有几十万人报考会计证的考试，**一般由省级财政部门组织考试，证书由市级财政部门发放，具体管理由县级以上财政部门负责，大纲由财政部统一规定。**

关于会计人员必须持证上岗的事，我是颇有异议的，西方很多国家对普通会计没有这种要求，这种要求有干涉企业用人自主权的嫌疑，而且，一个人是否胜任会计工作，至少在目前是无法通过一次考试科学判定的。因此，财政部门对会计证的管理有逐渐简化的趋势，我希望新修改的《会计法》取消会计证考试，让会计任职资格交由企业去评定，财政部门管好注册会计师就行了。不过，目前大家考会计证或者从事会计工作还得遵守财政部门的规定，从取得、变更、到注销都有一系列规定程序，具体如下：

大家考取会计证后，**找到第一份会计工作的 90 天内要进行上岗注册登记**；然后每年应该继续教育，继续教育采用学分制，**每年接受教育不能少于 24 学时**。6 年定期换证，在会计证到期前的 6 个月内，到当地财政部门办理换证手续。如果持证人员的学历、职称等发生变化，还需要进行变更登记。如果会计人员去异地工作，在**离开原单位起 30 天内**，向原注册登记的财政部门办理调出手续，办理调出后的 90 天内，向调入单位所属地区财政部门办理调入手续。具体手续的办理一般都是填写相关表单，携带身份证、会计证、用人单位税务登记证复印件等。

会计从业资格证只是一个入门级别的证书，若要继续发展，需要考取初级资格证书、中级资格证书、高级资格证书，初、中级资格证书是考试取得的，高级资格证书是考评结合，先考后评。有了技术资格证书并不一定会担任实际会计专业职务，我国《会计法》规定，会计专业职务包括**高级会计师、会计师（中级职务）、助理会计师、会计员（初级职务）**四个等级。

对于持证人员采用舞弊、贿赂等手段取得会计证，或者是相关财政人员滥用职权，违反法定程序发放会计证的，会计证的管理机构（财政部门）应当撤销其会计证，吊销会计证后，5 年内不得参加会计证考试。另外，如果持证人员丧失行为能力或者死亡，会计证应依法吊销。

（三）会计人员的工作交接

会计工作本身是一份十分严谨的工作，通常会涉及很多企业机密，因此，为了保证会计工作正常进行，会计法规对会计人员的交接做了详细的规定。

1. 会计岗位交接适用范围

（1）临时离职或因病不能工作、需要接替或代理的，会计机构负责人（会计主管人员）或单位负责人必须指定专人接替或者代理，并办理会计工作交接手续。

（2）临时离职或因病不能工作的会计人员恢复工作时，应当与接替或代理人员办理交接手续。

（3）移交人员因病或其他特殊原因不能亲自办理移交手续的，经单位负责人批准，可由移交人委托他人代办交接，但委托人应当对所移交的会计凭证、会计账簿、财务会计报告和其他有关资料的真实性、完整性承担法律责任。

2. 交接程序

（1）交接前的准备工作。

① 已经受理的经济业务尚未填制会计凭证的，应当填制完毕。

② 尚未登记的账目应当登记完毕，结出余额，并在最后一笔余额后加盖经办人印章。

③ 整理好应该移交的各项资料，对未了事项和遗留问题要写出书面说明材料。

④ **编制移交清册**（一式三份），列明应该移交的会计凭证、会计账簿、财务会计报告、公章、现金、有价证券、支票簿、发票、文件、其他会计资料和物品等内容；实行会计电算化的单位，从事该项工作的移交人员应在移交清册上列明会计软件及密码、数据盘、磁带等内容。

⑤ 会计机构负责人（会计主管人员）移交时，应将财务会计工作、重大财务收支问题和会计人员等情况等向接替人员介绍清楚。

（2）交接中——**先找专人负责监交**。

对监交的具体要求是：

① **一般会计人员办理交接手续，由会计机构负责人（会计主管人员）监交**。

② **会计机构负责人（会计主管人员）办理交接手续，由单位负责人监交**，必要时，主管单位可以派人会同监交。

（3）交接中——**然后按照移交清册逐项移交**。

接管人员应认真按照移交清册逐项点收。具体要求是：

① 现金要根据会计账簿记录余额进行当面点交，不得短缺，接替人员发现不一致或"白条抵库"现象时，移交人员在规定期限内负责查清处理。

② 有价证券的**数量要与会计账簿记录一致，有价证券面额与发行价不一致时，按照会计账簿余额交接**。

③ 所有会计资料必须完整无缺。如有短缺，必须查明原因，并在移交清册中加以说明，由移交人负责。

④ 银行存款账户余额要与银行对账单核对相符，**如有未达账项，应编制银行存款余额调节表调节相符；各种财产物资和债权债务的明细账户余额，要与总账有关账户的余额核对相符；对重要实物要实地盘点；对余额较大的往来账户要与往来单位、个人核对**。

⑤ 实行会计电算化的单位，交接双方应在电子计算机上对有关数据进行实际操作，确认有关数字正确无误后，方可交接。

（4）**交接后**的有关事项。

① 会计工作交接完毕后，**交接双方和监交人在移交清册上签名或盖章**，并应在移交清册上注明：单位名称，交接日期，交接双方和监交人的职务、姓名，移交清册页数以及需要说明的问题和意见等。

②接管人员应继续使用移交前的账簿，不得擅自另立账簿，以保证会计记录前后衔接，内容完整。

③移交清册一般应填制一式三份，交接双方各执一份，存档一份。

④即便接替人员在交接时因疏忽没有发现所接会计资料在真实性、完整性方面的问题，**如事后发现仍应由原移交人员负责，原移交人员不应以会计资料已移交而推脱责任**。

三、会计法律关系的客体：会计行为（核算和监督）及会计资料（会计档案）

（一）会计核算：核算证、账、表

会计核算的目标是提供符合会计准则、客观公允的财务报告，以便满足会计报表使用者的决策需求。因此，**首先，会计核算的依据必须是实际发生的经济活动**（没有的事不能造假，只是计划还没发生的事也不要登记）。其次，会计资料必须是真实、完整的，也就是不能伪造凭证和账簿（就是编故事，用不真实的事编凭证、登记账簿），不能变造会计凭证和账簿（即事情是有的，但涂改凭证上的金额），不得提供虚假的财务报告（直接在财务报告上涂改数据，造假的技术含量最低，很容易被发现）。

会计核算的程序：经济活动—审核原始凭证—编制记账凭证—登记账簿—对账—结账—编制会计报告。这些具体要求我们在第八章中都讲过，就不在此重复了，需要注意的是《会计法》中对账包括账证、账账、账实、账表四个环节，会计证教材的会计基础（本书见第八章第五点）中没有账表相对。

会计档案的管理：完成会计核算工作后，就形成了会计档案，会计档案是**历史资料和证据**，可以是纸质的形式，也可是电子文档的形式，其中外部接收的电子会计资料（比如采购发票）应附有符合《中华人民共和国电子签名法》规定的电子签名。

会计档案包括会计凭证、账簿、报表报告和其他资料（银行存款对账单、调节表、会计保管清册、销毁清册等），**对于不一定真实发生的，比如财务计划、预算、制度，这些不属于会计档案，属于文书档案**。会计档案通常第一年由会计机构临时保存，一年后（最长不能超过3年），单位有档案室的，交给档案室，没档案室的，还是由会计机构保管（出纳不能保管会计档案）。如果有人想查看或者复制会计档案，**需要经过单位负责人的批准，任何情况下都不许借出会计档案**。

会计档案的保管期限分为永久和定期两类，定期分为10年和30年。

会计档案到期后，档案室也没地方存放了，就可以销毁了，需要注意的是，在销毁前，要经财务部门鉴定，**对未结清的债权债务和其他未了事项，不能销毁，要单独抽出立册保存。销毁前后都要向单位负责人报告，销毁的时候要由会计人员陪同共同销毁**。

（二）会计监督：监督分三类

会计监督的目标是企业的战略目标之一，也就是要保证企业的资产安全和会计信息准确完整；对于国家来说，要保证国家的利益（税收利益等）不受到损害；对于社会来说，要保证投资者、债权人等企业相关方的合法利益，保证资本市场的正常运行。因此，《会计法》中的监督包括单位内部监督、以财政部门为主的政府监督和以注册会计师为主的社会监督，其中政府监督和社会监督属于外部监督。

1. 单位内部监督

传统的单位内部监督的**主体是会计机构和会计人员，监督的对象是企业的经济活动，目标是会计资料真实和完整**。由于经济网络发展，企业竞争更加激烈，经济环境不确定性增强，企业面临着更多的新风险，传统的会计监督很难满足企业实现战略目标、管控企业风险的需求了，于是企业纷纷建立了内部控制体系，我国财政部陆续颁布《内部控制基本规范》和《企业内部控制应用指引》（2010年颁布，2011年首先在海外上市的公司执行）。

内部控制的基本目标是要保证企业战略目标的实现，具体到经营活动上，企业要合法合规（违法就吊销营业执照），在资产上要保证安全（资产都没了，怎么经营呀），财务报告和相关信息要真实、完整（自己什么情况都不清楚，企业很难决策呀），调高经营效果和效率（企业竞争的核心、实现战略目标的保证）。

要实现内部五个目标，就要从以下五个方面入手（也叫内控的五要素）：

第一，辨析企业的**内部环境**，这个包括人员素质（能力、价值观等）、企业文化、公司的规章制度等。

第二，进行**风险评估**，根据企业目标，评估企业内外部环境。比如，应收账款能否收回，收回的概率有多大，对企业资金运转影响的程度等。

第三，采取**控制措施**。比如，对于风险是采用控制、转移还是接受；为企业购买财产保险，以降低意外风险；采用期货交易，以避免材料价格上涨的风险等。

第四，进行**信息沟通**，将经营活动和控制措施的实际情况信息，进行收集、分类、整理和分析，从而改进控制措施。

第五，**内部监督**，内部监督主要是通过内部审计实现的，评价内控体系的有效性。

在企业中，内部控制一般由**企业的董事会负责建立和健全，监事会负责监督，经理层组织日常运行**。建立内部控制体系既要考虑**全面性**，又要突出**重要性**，既要考虑**制衡性**（互相牵制），又要考虑**适应性**（考虑具体情况），同时还要考虑**成本效益原则**。具体的内部控制方法一般包括**不相容岗位分离**（比如会计和出纳分类，记录人和执行人、保管人分离等）、内部授权审批（办个事得好多人签字）、财产保护控制（现金保管制度等）、预算制度、绩效考核等。

2. 政府监督

政府监督的实施主体是以财政部为主的政府部门，包括工商、税务、审计、证监会等，监督的对象是会计行为，监督目的是保证会计行为合法。政府衙门比较多，要是都单独对企业进行检查，企业就没法经营了。因此，有关法律规定，各个政府部门可以联合检查，但不得就同一事项重复检查。

财政部门负责具体检查的内容：**单位是否依法建账，会计资料是否真实，会计核算是否规范，从业人员是否有会计证，会计师事务所出具审计报告的程序和内容。**

3. 社会监督

社会审计的实施主体是会计师事务所和注册会计师，监督的对象是被审单位会计报表及相关资料。单位和个人对违反《会计法》行为的检举也属于社会监督。

在西方国家，注册会计师监督是会计外部监督的主要形式，我国也出现了这种趋势，政府监督由于精力所限，往往仅对大中型国有企业进行监督,大多数上市公司和民营企业都是由注册会计师进行监督的。至今我国还允许一家会计师事务所既对同一家企业提供**咨询服务**,又从事**报表审计**,这削弱了监督工作的独立性和公正性,导致我国审计报告质量总体水平不高。

四、会计法律责任:若违规,受二责

会计法律责任是指违反会计法规应该承担的后果,实质上是对违反法律的单位和个人进行惩罚,惩罚目的有报复意味,更多的是要威慑其他企业和个人别做违法的事,以保证社会秩序正常运行。我国法律责任主要分为行政责任(由政府做出)、民事责任、刑事责任(严重违法行为——犯罪)。和会计法律相关的主要是行政责任和刑事责任。

行政责任主要包括行政处罚和行政处分。**行政处罚一般由县级以上人民政府中具有行政处罚权的政府机关做出(比如财政局、税务局等),具体包括:警告,罚款**(不是罚金)**,没收**违法所得、非法财物,**责令停业**,暂扣或者吊销许可证、营业执照,**行政拘留**。行政处分一般是针对违反规定的**国家公务人员**进行制裁,包括警告、记过、记大过、降级、撤职、开除等。

刑事责任,一般包括主刑和附加刑,主刑只能单独使用,包括管制、拘役、有期徒刑、无期徒刑和死刑。附加刑包括罚金(主要不是罚款)、剥夺政治权利、没收财产,对外国人还可以驱逐出镜。附加刑既可以单独使用,也可以附加使用。

常见的会计法律责任

(1)对于不依法设置账簿、私设账簿、未按规定取得原始凭证和登记账簿、随意变更会计方法、任用人员不符合法律规定等十种情形，由**县级以上人民政府财政部门责令限期改正，可以对单位并处 3 000 元以上、50 000 元以下的罚款**；对其直接负责的主管人员和其他直接责任人员，可以处 2 000 元以上、20 000 元以下的罚款。

（2）伪造、变造会计凭证、会计账簿，编制虚假财务会计报告，构成犯罪的，依法追究刑事责任。有前款行为，尚不构成犯罪的，由县级以上人民政府财政部门予以通报，可以对单位并处 5 000 元以上、100 000 元以下的罚款；对其直接负责的主管人员和其他直接责任人员，可以处 3 000 元以上、50 000 元以下的罚款。

（3）隐匿或者故意销毁依法应当保存的会计凭证、会计账簿、财务会计报告，构成犯罪的，依法追究刑事责任。有前款行为，尚不构成犯罪的，由县级以上人民政府财政部门予以通报，可以对单位并处 5 000 元以上、100 000 元以下的罚款；对其直接负责的主管人员和其他直接责任人员，可以处 3 000 元以上、50 000 元以下的罚款。

（4）授意、指使、强令会计机构、会计人员及其他人员伪造、变造会计凭证、会计账簿，编制虚假财务会计报告或者隐匿、故意销毁依法应当保存的会计凭证、会计账簿、财务会计报告，构成犯罪的，依法追究刑事责任；尚不构成犯罪的，**可以处 5 000 元以上、50 000 元以下的罚款**。

后面的四条会计法律责任，我复制了《会计法》中的条款，主要目的是尽量覆盖会计证考试大纲中的内容，参加会计证考试的读者请仔细阅读，会对考试有较大帮助。

✪ 考考你

单项选择题

1. （　　）是指由国务院制定并发布，或者国务院有关部门拟定并经国务院批准发布，用以调整经济关系中某些方面会计关系的法律规范。
   A. 会计法　　　B. 会计行政法规　　C. 会计制度　　　D. 会计规章

2. （　　）应当对本单位的会计工作和会计资料的真实性、完整性负责。
   A. 审计人员　　B. 会计机构负责人　C. 总会计师　　　D. 单位负责人

3. 根据《会计法》的规定，行使会计工作管理职能的政府部门是（　　）。
   A. 税务部门　　B. 财政部门　　　　C. 审计部门　　　D. 证券监管部门

4. 持有会计从业资格证书的人员每年参加继续教育的培训时间不得少于（　　）小时。
   A. 24　　　　　B. 12　　　　　　C. 48　　　　　　D. 18

5. （　　）是指财政部门代表国家对单位和单位中的相关人员的会计行为实施的监督检查，以及对发现违法会计行为实施行政处罚，是一种外部监督。
   A. 群众监督　　B. 社会监督　　　　C. 单位内部监督　D. 政府监督

6. 会计机构负责人必须具备的条件之一是（　　）。
   A. 会计从业资格证书　　　　　　　B. 从事会计工作 5 年以上
   C. 经济师专业技术职务资格　　　　D. 高级会计师专业技术职务资格

7. 持证人员调转工作单位且继续从事会计工作的应办理（　　）。
   A. 注册登记　　B. 离岗备案登记　　C. 调转登记　　　D. 变更登记

✪ 答案

单项选择题

1. B
2. D
3. B
4. A
5. D
6. A
7. C

Chapter 11
第十一章

支付结算法律制度（依据会计从业资格考试大纲编写）

"此树是我栽，此路是我开，要想过此路，留下买路财！"突然间，几个彪形大汉挡在了押镖的银车前……后面的画面请读者自行想象。古代送个银子、结个款，有时候要以生命为代价。现在就好办多了，填个支票、汇票、本票或者刷一下银行卡，款项瞬间就支付了，虽然偶尔也要支付一点手续费，但成本可比古代低得多。

由于人各不同，而且所生存的环境也各有特色，就产生了比较优势。有的人善于种地，有的人乐于打猎，也有的人喜欢织布，但是打猎的需要衣服，织布的也需要吃饭，种地的偶尔也想吃肉，于是就产生了交换，为了降低交换成本，就产生了货币。可货币这东西太招人爱了，为了这爱，有些人就不择手段，于是出现了小偷和劫匪，同时，为了保护货币，又出现了镖师。镖师和劫匪这一对冤家，彼此纠缠了1 000多年，直到清末出现了银行，才逐渐从人们的生活中淡出，跑到小说和影视剧里去了。

由此可以看出，银行之所以能打败武功高强的镖师，主要原因就是银行不仅结算成本低,而且方便,实际上降低成本和与人方便是人类社会技术进步和制度创新的源动力,凡是不能降低成本的制度和技术基本上就是忽悠,比如传销、上门推销,我都不看好这些,估计也长久不了。

一、现金结算

先说说现金结算。这种方式的第一特点就是**直接便利**,一手交钱,一手收货,钱货两清,多直接呀,所以这种结算方式深受广大人民群众的喜爱。但是这种方法也有缺点,而且还不少。**最大的问题是,不安全**。现金可以直接支付,丢了就没办法挽回了(大多数事物的优点也是其缺点)。所以,国务院的规定限制了企业现金的使用范围。按照规定,只有在以下八种情况下可以使用现金:

(1)职工工资、各种工资性津贴。

(2)个人劳务报酬,包括稿费和讲课费,以及其他专门工作的报酬。

(3)支付给个人的各种奖金,包括根据国家规定颁发给个人的科学技术、文化艺术、体育等各种奖金。

(4)各种劳保、福利费用,以及国家对个人的其他现金支出。

(5)向个人收购农副产品和其他物资的款项。

(6)出差人员必须随身携带的差旅费。

(7)结算起点(1 000元人民币)以下的零星支出。

(8)中国人民银行确定需要支付现金的其他支出。

不好记忆吧,仔细看看,其实是有规律的,可以简化成两条:第一条是1 000元以下的支出,第二条是与个人相关的支出。

使用现金不安全，把大量现金都留在企业里也不安全，现在入室盗窃的案子也是时有发生的，为此，国务院又规定了企业现金的库存限额，企业的开户银行根据企业的实际需要给予核定，**一般为企业零星支出的 3～5 天**，如果企业在一个山沟沟里，交通很不方便，最多不能超过 15 天。

以上是"外贼"的防范方法，对于现金，不但企业外部人想盗窃，要是没有有效防范制度，企业内部的员工也会惦记着。为此，**企业应建立相关的内控制度**。首先，有账可查。建立现金账，要求逐日逐笔登记，并且日清月结。其次，钱账分开，出纳人员**不得监管稽核、会计档案的保管，以及收入、费用、债权、债务账目的登记工作**（这些账户都是和现金直接对应的，如果让出纳登记，两边故意同时减少，企业不易发现）。另外，由于出纳登记现金账和银行账，为了防止出纳挪用资金，现金盘点表和银行存款调节表应当由会计去做，这样可以牵制出纳，避免出纳犯错误。**最后，收支两条线，原则上不得坐支（现金收入直接支付）**。现金的流转往往只在收付双方中，不经过第三方（要是银行结算的收付双方是通过银行的，银行会有收付记录），这样导致现金结算记录不好追溯，而且容易出错，为此，应将本单位的现金收入都存入银行，需要现金的时候，再到银行中将现金取出，**原则上不得坐支**。如果企业交通不大方便，经过**开户银行（基本账户的开户银行，只有基本账户有权负责现金收支的管理）**的批准，企业可以在核定的范围和限额内坐支。

虽然有了这么多控制措施，但是携带大量现金还是不安全的，这种结算方式的使用范围将会逐渐减少，最终有可能从我们生活中逐步退出。现在的支付宝、微信转账都很方便，和电子转账对应的电子发票，也被税务总局和财政部认可了。想想未来我们去菜市场买菜的时候，用手机给小菜贩发个微信红包，小菜贩给我发一张电子发票，电子发票和微信支付记录自动被手机中的记账软件收集，并生成凭证，手机记账软件每天都给我们提供资金日报，月底还给我们提供资产负债表、利润表和现金流量表，我们的生活是不是很惬意？说不定哪个软件商看到我的想法受到启发，还真可以大赚一笔。

二、银行结算

（一）银行的故事

把所有的现金都放在家里是很危险的，古代人也早有这个意识。在古希腊的时候，受地理环境的影响，雅典采用城邦民主制度，商品经济比较发达，大多数中产家庭都有很多闲钱，这些人就开始琢磨把钱放哪儿好。首先，**放钱的地方要安全可信**，需要的时候能随时取出来；其次，放钱的地方得坚固，**有能力保护钱**。当时符合这两个要求的只有神殿，雅典神殿又大又好看，而且，神是当时人们最信赖的，于是神殿就成了最早存放钱的地方。

但这个神殿可不是银行，当时的神职人员是有信仰的，不会花心思琢磨怎么赚钱。随着时间的流逝，希腊被罗马征服了，罗马在日耳曼人的冲击下分裂为东西罗马，帝国式微，而欧洲东南部的伊斯兰人在先知穆罕默德的领导下再次崛起。为了争夺圣城耶路撒冷，双方进行圣战，大打出手，在打架中，基督教中圣殿骑士团十分勇猛，从耶路撒冷抢了好多财富，于是他们成了欧洲人的英雄。国王和贵族们纷纷把钱都放在骑士团手中，骑士团掌握欧洲大部分财富，便在欧洲开了很多分部。

财富是有魔力的，战争结束后，骑士团为了获得更多的财富，想出各种办法，一种方法是进行放贷，**将储户的钱借给需要钱的人，并收取高额利息**（这个是违背教义的，是后来骑士团灭亡的主要原因），另一种方法是印制汇票。在当时的欧洲，运送大量的金币既不安全，又十分辛苦，骑士团发明了一种票据，**客户可以从骑士团巴黎的分部取得汇票，将汇票带到意大利的时候，再到骑士团意大利的分部取出金币**。这个可能就是最早的银行票据。

由于骑士团经营得当，他们的财富十分巨大，很多国王都成了骑士团的债务人，当时的法国国王菲利普四世欠了骑士团很多钱，当时法国的财政也比较紧张，为了缓解财政压力，菲利普国王做了一个非常大胆的决定——把骑士团灭了、没收他们的财产。1307年10月13日星期五（黑色星期五），菲利普四世在事先毫无征兆的情况下，逮捕了在法国的所有骑士团成员，并没收了他们的财产。后来，在教皇的支持下，骑士团团长莫莱被判"火刑"，莫莱在临刑前诅咒法国国王和教皇说一年内必受永恒的审判，结果诅咒灵验，一个月后教皇暴病而亡，六个月后菲利普国王坠崖而死。

这个故事讲得有点长，圣殿骑士团虽然对银行业的发展起了很大的推动作用，但他们是基督徒，不是新教徒，基督教教义是不能放高利贷的，名不正，则言不顺，他们灭亡在一定层面上也是合理的。菲利普四世不讲商业信用，不但不还债，还找借口灭了债权人，得到报应也是合情的。

总之，在宗教系统内没有诞生真正的银行，真正的银行诞生在意大利地区，他们不仅放高利贷（**赚取存贷利息差**），发行银行票据（**赚取结算手续费**），而且发现了一个特殊现象，就是大部分客户不会同时到银行提取现金，很多付款方和收款方都把钱存到自己的银行。比如，银行有 100 元，借给张三 80 元，张三买了李四 80 元的货物，给了李四 80 元，李四又把 80 元存到银行，这样银行又有了 100 元，还可以继续借给王二等人。这就涉及银行准备金制度了，感兴趣的读者可以自己找资料看一下。

（二）银行结算的前提：银行账户

言归正传，我们说说会计证考试的内容。要使用银行进行收付结算，首先得在银行开个结算账户（银行管理那么多企业和个人的钱，总得把大家的钱区分开），结算账户是办理资金收付业务的**活期存款账户**（定期账户没法随时付款）。结算账户根据存款人不同分为个人结算账户和单位结算账户（个体户以单位名义开的也属于单位结算账户）。

1. 银行账户的类型

我们主要说一下单位结算账户，任何单位只要进行经营，就需要资金的收付。首先得开一个基本账户，基本账户是单位结算账户的核心，一个单位只能有一个基本账户，主要用于**收取货款，支付工资、货款等**。组织（包括**企业、个体户、行政机关、单位设立的独立核算的附属组织**）成立后，就需要找一家**商业银行**（比如工商银行、北京银行等）填写申请表，同时要提交营业执照、组织机构代码证、税务登记证复印件及存款人印鉴的印鉴卡片等。商业银行受理后，还需要将相关资料报送到**当地人民银行核准，核准后凭开户许可证，即可开立账户、购买支票**。一般开户费用为 50 元。

企业向银行借款后，为了便于核算还款，需要开设一般账户，一般账户可以有多个（比如在多家银行借款），可以转账收付，也可以存入现金，但**不能提取现金**（借的钱嘛，得严格监督，了解去向）。一般账户的开设不需要人民银行的核准，企业将相关证明资料提交给商业银行，商业银行审核通过后，就可以开设一般账户，但商业银行需要定期到**当地人民银行备案**开设一般账户的信息。

我们国家的法律法规要求对特定用途的资金进行专项管理，因此，有些单位需要开设**专用账户**，专用账户分为预算单位（行政事业单位）专用账户和非预算单位专用账户，**预算单位的专用账户需要经过人民银行核准**，非预算单位的专用账户，到人民银行备案就行了。专用账户通常包括基本建设基金、财政预算外基金、社保基金等。对于企业来说，可以设置银行卡备用金等。

如果企业要异地设立临时机构或者异地临时经营，可以设置**临时账户**，方便资金的结算。对于正在筹建中的企业，由于公司的营业执照没有下来，不能开设基本账户，可以凭借工商部门核准的预名申请书，开设验资账户。**验资账户也是临时账户的一种，在验资期间只收不付。临时账户最长不能超过两年。**

四种单位结算账户中，基本账户是核心，通常临时账户等的资金都是由基本账户拨付的，销户时也要将资金拨回到基本账户。基本账户、临时账户，以及预算单位的专用账户需要经过人民银行审批，其他类型的结算账户，商业银行到人民银行备案就行了。

2. 银行账户的变更

银行账户开设后，如果存款人名称、法人代表、住址相关信息发生变化（注意，**不能更改开户行和账号**，这个改了就得换一个账户了），应在 5 个工作日内向开户银行提出变更申请，开户银行变更后，应于 2 个工作日内向人民银行报告。

3. 银行账户的销户

企业因撤并、解散、破产或者吊销执照、迁址等原因需要撤销银行账户的，应当在 5 个工作日内提出撤销申请，交还空白支票和开户许可证后，办理销户手续。对于开户满一年，但没发生任何经济业务的账户，银行应通知存款人到银行办理销户业务，30 天没来办理的，银行可以视同自愿销户。

法律责任：

如果存款人违规开立或者撤销银行账户，对于非经营性的存款人，应当给予警告并处以 1 000 元罚款。对于经营性的存款人，处以 10 000 ~ 30 000 元的罚款。

如果存款人违规使用银行结算账户，对于非经营性的存款人，应当给予警告并处以 1 000 元罚款。对于经营性的存款人，处以 5 000 ~ 30 000 元的罚款。

（三）银行结算方式：票据结算概述

银行赚钱的渠道主要有两个，一个是赚取存贷利息差，另一个就是收取结算手续费。银行帮企业进行收付款项，目前主要方式是票据结算，这个票据和我们前面讲的圣殿骑士团弄的票据的本质是一样的，都是货币资金的代表。它继承了原来骑士团就有的**支付结算功能（资金从付款人转移到收款人）**和**汇兑功能（资金从一地转移到另一地）**，又开发了一种新的**信用融资功能（资金从此时转移到彼时进行收付，比如延期付款、票据的贴现等）**。具备这三大功能后，票据实际成了银行的核心业务。为了保证资金安全，充分发挥票据的三大功能，相关的法律法规对票据做了严格规定。

1. 票据的特征

票据总体上具有三大特征。第一，票据是**金钱凭证**，也就是代表货币。第二，票据是**设权证券**，就是说一旦做出票据后，就创设票据的权利和义务关系，**具备独立性**，不受设立票据背后纠纷的影响。比如，张三公司给了李四公司一张银行汇票，后来张三公司发现李四公司的货物不符合自己的要求，张三公司找到银行说我要把给李四公司的银行汇票作废，银行是不会受理的。张三公司只能通过其他方法解决纠纷，当然李四公司可以自己存入这张银行汇票，也可以转移给其他人。第三，**票据是文义证券，就是要以票据上记载的事项为主。**即使票据的记载事项和实际情况不一致，也以票据的记载事项为准。比如票据上写出票日期是 2015 年 4 月 1 日，实际出票日期是 2016 年 4 月 1 日，在使用票据的时候还是以票据上写的日期为准。

2. 票据的当事人和票据行为

票据的主要功能是收付款项，基本当事人包括**收款人、付款人**，由于是通过票据进行的，还应该包括**出票人**。这三方可以是三个人，也可以是两个人，还可以是一个人。比如，企业提取现金，出票人是企业，付款人和收款人还是企业，这种情况下三方就是一个人。再比如银行本票，出票人就是付款人，所以一般教材上都写银行本票的基本当事人就两个——出票人和收款人。**基本当事人是制成和交付时就存在的当事人**，票据交付后，可能涉及一些**非基本当事人**，商业汇票往往需要承兑，就有了承兑人，有的汇票还需要保证，就有了保证人，票据再转移另一方的时候，一方（原票据收款人）需要在票据背面签章，就是背书人，另一方（票据转移后的收款人）就是被背书人。

票据的行为就是能够产生票据权利和义务关系的法律行为，首先就是出票行为，出票行为包括签发票据（填写好票据和签章）并交付给收款人。没交付给收款人的不算完整的出票，出票人的签章要是不符合规范的话，票据无效。但是，承兑人、保证人的签章不符合规定的话，签章无效，不影响其他符合规定的签章。

票据出票后，收款人担心付款人不能到时候付款，就需要票据的**承兑和保证**。通常适用于商业汇票（银行汇票和银行本票的信用好，自然不需要了）。承兑就是承诺票据到期的时候支付票据金额，实际上承兑人就是付款人，保证就是，付款人不付款了，保证人就得付款。

一般票据出票后，**如果票据的持票人（一般都是票据的收款人）转让给其他人**，就需要在票据背面的背书上签章，并在票据背面的被背书人上填写接受转让票据的人，这行为叫作**票据背书**。比如，张三给李四一张支票，李四欠王二钱，李四把支票给了王二，可是支票的收款人是李四，李四就在背书人上签章，并在被背书人上写上王二。王二可以将支票存入银行，还可以继续背书给别人。需要注意的是，**一张票据不能同时背书给两个人，背书的金额不能大于票面金额，超过有效期票据、被拒绝承兑票据都不能背书**。

3. 票据的记载事项和票据丧失

票据上应该写什么内容呢？不同票据稍有不同，但票据的名称、无条件支付、出票日期、收款人、金额、出票人签章，这些是任何票据都有的内容。具体来说，票据的记载事项分为四类，第一类是**绝对记载事项**，不记载这些票据就无效，比如上面提到的那些项目。第二类是相对记载事项，票据法规定应该记载而没有记载的，比如，汇票上未记载付款日期，就是见票即付，未记载付款地，就是付款人的经营场所、住所或者经常居住地（不写的话，对出票人是不利的）。第三类是**任意记载事项**，票据法上不强制当事人必须写，但允许当事人自行选择记载事项，比如汇票上记载"不得转让"。第四类是**无效记载事项**，就是记载票据法规定以外的事项，这些事项记载了也不产生票据效力,比如在汇票上记载违约金等。第五类是**不得记载事项**,这些事项一旦记载,票据就无效了,比如附有条件的委托、承兑等。

票据如果被盗,或者持票人无意中丢失、毁灭等,票据的权利人可以采用**挂失支付、公示催告和普通诉讼**三种方式进行补救。挂失支付就是通知付款人暂停支付方式,这种方式的前提是知道付款人是谁,**通常现金银行汇票、记载委托付款银行的银行汇票是可以挂失的**。对于未记载付款地的一般不能用这种方式,比如未记载委托付款行的银行汇票就不能挂失(找不到挂失的银行)。转账支票一般也不能挂失,主要是为了保护收款人的利益(为了防止先签发一张转账支票,拿了人家货物后,再跑去挂失)。公示催告,就是失票人向人民法院申请,让不确定权利人申报权利,过期权利作废。普通诉讼,就是上法院,打官司。

(四) 票据结算方式一:支票

1. 支票的概念及特征

支票是单位和个人签发的,委托银行见票后给收款人的票据。正是由于它是单位或者个人自己签发的,也就是出票人是企业或者个人,付款人是银行,使用起来比较方便,所以企业间绝大多数情况都是使用支票进行结算。当企业银行账户上只有100万元的时候,企业有意或者无意地签发一张200万元的支票,这种情况叫作空头支票,即签发支票金额大于企业存款金额。空头支票由于伤害银行信誉,银行可以对签发空头支票的企业处票面金额5%但不少1 000元的罚款,接受空头支票的受害方也可以要求票面金额的2%作为补偿。比如张三公司给李四公司签发一张面值100元的空头支票,银行就可以处罚张三公司1 000元,李四公司可以要求张三公司赔偿2元。

2. 支票的分类

支票是见票即付的，所以有效期也比较短，只有 10 天，过期无效。通常支票分为现金支票、转账支票和普通支票三类。现金支票可以提取现金，不能转账；转账支票只能转账，不能提现；普通支票既可以转账，又可以提现，不过要是在普通支票的左上角画两条平行线，就叫作划线支票，只能转账，不能提现。

3. 支票的使用（填写）

支票分为两部分，一部分叫作存根联，出纳填写完后，交给企业会计做账，另一部分叫作支票联，交给收款方。

支票填写需要注意的是，出票日期和金额是大写的壹、贰、叁、肆、伍、陆、柒、捌、玖、拾、佰、仟、万。有种说法是，大写数字是朱元璋为了防止别人涂改发明的。

对于日期，法规上要求，月份为 1 月和 2 月的，前面要加"零"。日为 1～10 日和 20 日、30 日的，前面要加"零"。

在金额元后面加"整"字，角的后面可加"整"字，也可以不加"整"字，分的后面不能加"整"字。

支票的收款人和金额可以授权补记。比如企业采购人员准备出去采购产品的时候，也不知道该产品多少钱，从哪儿买，出纳人员就可以授权采购人员补记收款人和金额。

支票的填写具体见图 11-1。

收款人收到支票后，如果还需要转让给其他人，就需要在支票背面进行背书，比如图 11-2 中收款人甲公司（背书人）转让给了乙公司（被背书人），乙公司又转让给丙公司（2007 年 8 月份后，支票可以在全国范围内使用）。强调一下，**现金支票不能背书转让**。

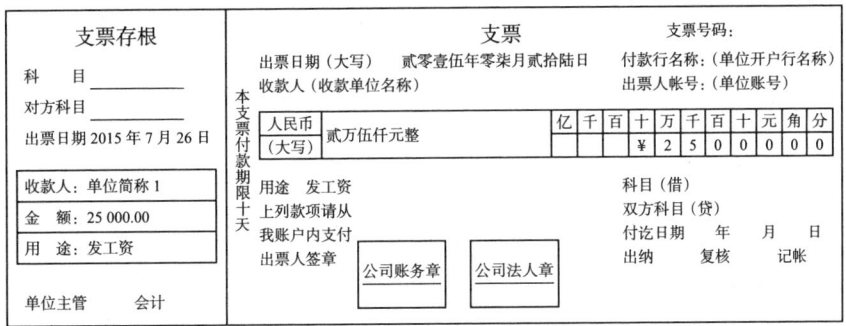

图 11-1 支票的填写

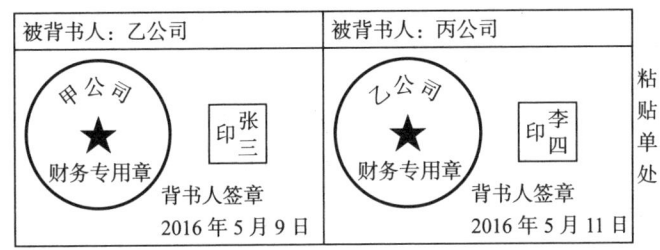

图 11-2 背书

如果收款人委托自己的开户银行帮助收款,应在背书栏中写上"委托收款"字样,背书人为收款单位,被背书人为收款单位的开户银行。

(五)票据结算方式二:商业汇票

1. 出票

如果企业的资金比较紧张,想以后把款项交给收款人,就可以考虑使用商业汇票。商业汇票是由出票人(通常是企业)签发,委托付款人在指定日期支付给收款人的票据。这种汇票**时效一般为六个月,主要适用于企业间有真实交易或债权债务关系的结算**。

2. 承兑

由于商业汇票通常都是企业签发的,为了让收款人放心,商业汇票必须要承兑。承兑人是票据的付款人,根据承兑人不同,商业汇票可以分为商业承兑汇票（见图11-3）和银行承兑汇票（见图11-4）。

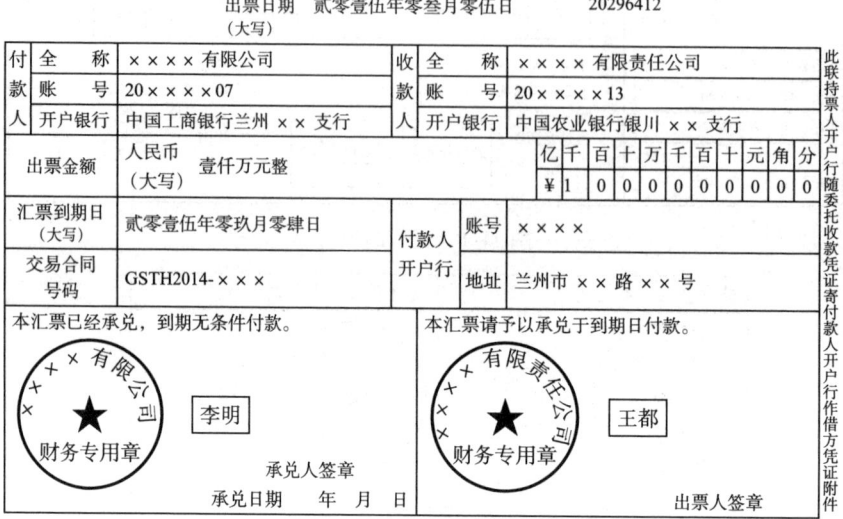

图11-3 商业承兑汇票

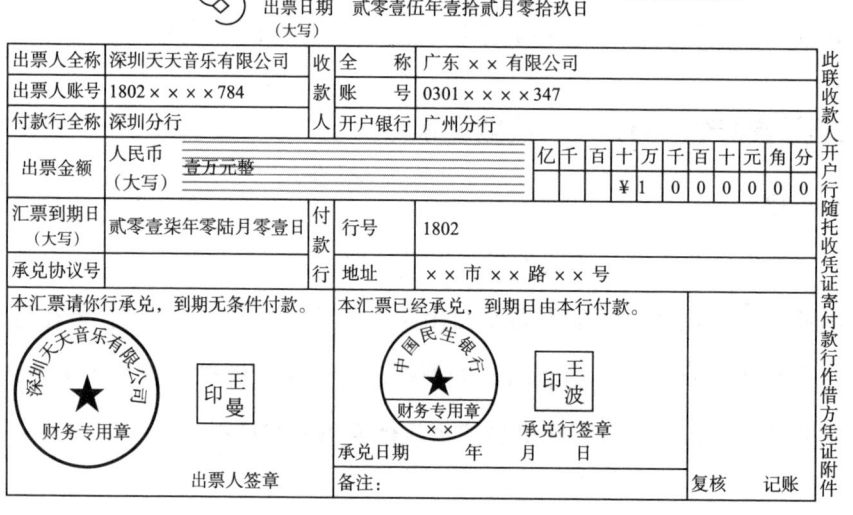

图11-4 银行承兑汇票

显然银行承兑汇票的信用要好于商业承兑汇票，但是银行要给企业承兑的话，是要收手续费的，理论上是票面金额的万分之五（实际上，要看企业和银行的关系）。对于出票时就能确定付款日期的商业汇票（定日付款或者出票后定期付款），要在汇票到期前向付款人提示承兑，见票后定期付款的要在出票后一个月提示承兑。承兑人在收到商业汇票后三天内做出承兑或者拒绝承兑，但承兑不能附有条件。

3. 付款

商业汇票承兑后，收款人应在到期前的10天内提示付款（让付款人把钱准备好），未在规定时间内进行付款提示的，收款人做出说明后，付款人仍要承担付款责任。承兑人付款后，全体票据的债务人责任免除。

4. 贴现

如果汇票没有到期，汇票的收款方又急于用钱，可以到银行进行贴现（见图11-5），就是换成现金。当然银行会收取手续费，并扣除未到期的利息。

贴现凭证（收账通知） 4
填写日期：2015年12月9日　　　第9503号

贴现汇票	种类	商业承兑汇票	号码	4374	申请人	全称	北京福瑞机械股份有限公司	此联为银行给贴现申请人的收账通知
	发票日	2015年11月9日				账号	0200317191141451234	
	到期日	2016年3月9日				开户银行	中国工商银行中关村支行	
	汇票承兑人（现银行）	名称	星辰公司			账号	589256007	开户银行	西直门支行	
汇票金额（即贴现金额）	人民币（大写）贰拾万元整					千百十万千百十元角分 ¥ 2 0 0 0 0 0 0 0		
贴现率	4.35%	贴现利率	千百十万千百十元角分 ¥　　　　2 6 1 0 0 0	实付贴现金额	千百十万千百十元角分 ¥　　　1 9 7 3 9 0 0 0			
上述款项已入你单位账户。 此致				备注：				
				银行盖章 2015年12月9日				

图11-5　汇票贴现

商业汇票背书的要求和支票差不多,这里不再重复了。

(六) 票据结算方式三:银行汇票

企业采购货物的时候,如果销售方不同意后付款(不能用商业汇票),采购周期比较长(用支票只有10天),就可以考虑使用银行汇票了。银行汇票是出票行签发,付款人(出票行或者代理付款行)在见票的时候按**实际结算金额**支付给收款人的一种票据。银行汇票的**付款提示期为一个月**,既可以在同城使用,也可以在异地使用。一般用于先付款或者钱货两清的业务。

银行汇票的出票人是银行,企业使用银行汇票需要先填写银行汇票申请书(见图11-6),并把资金从基本账户中转存到银行汇票存款账户,然后银行开具银行汇票。开具银行汇票的时候,采购等交易还没发生,只有出票金额,没有实际结算金额。银行开具一式四份银行汇票后,将银行汇票联和解讫通知联交给申请人。

中国农业发展银行银行汇票申请书(存　根)1

申请日期:2016年05月28日

申请人	杭州智泉工控技术有限公司	收款人	杭州智泉工控技术有限公司	此联申请人留存
账号或住址	7481788888888	账号或住址	7481788888888	
用　途	货款	代理付款行	杭州银行西溪支行	
金　额	人民币(大写)　壹万贰仟叁佰肆拾伍元整		千百十万千百十元角分 　　　　¥1 2 3 4 5 0 0	
备注:		支付密码 　　会计　　　复核　　　经办		

图11-6　银行汇票申请书

企业采购货物时,将银行汇票(见图11-7)和解讫通知联交给收款人。

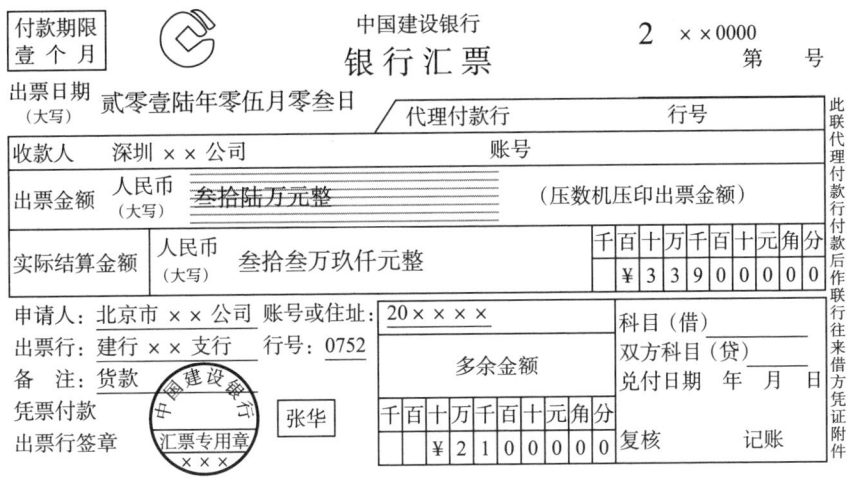

图 11-7 银行汇票

收款人开户行根据实际结算金额和多余款金额填写银行汇票和解讫通知联,向付款人(出票行或者委托付款行)办理收款结算。

出票金额大于实际结算金额的部分,出票行通过多余款通知联,划入到申请企业的基本账户。

(七)票据结算方式四:银行本票

银行本票是出票人(银行)签发,承诺自己到期支付给收款人的一种票据。银行本票的付款期限为两个月,只能同一票据结算区使用,分为现金银行本票(见图 11-8)和转账类银行本票。**现金银行本票一般为个人使用,不可背书转让,但可以挂失止付(这些和银行汇票一样)**。银行本票分为定额和不定额两种,定额包括 1 000、5 000、10 000、50 000 四种。使用程序是,企业和个人提交银行本票申请书,银行收妥款项后,签发银行本票,企业再使用银行本票进行交易。

(八)其他结算方式

除了票据结算外,银行结算还包括银行卡、汇兑、委托收款、托收承付、信用证等结算方式。

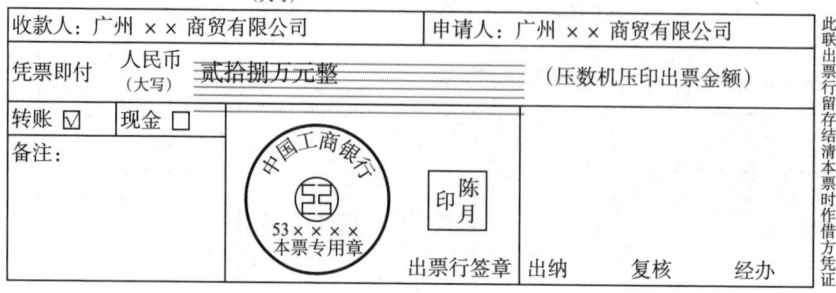

图 11-8　现金银行本票

银行卡是由商业银行发行的，具有信用消费、转账结算等功能。根据持卡主体，分为单位卡和个人卡。根据是否具有信用功能，分为借记卡和贷记卡。借记卡先存款再消费，贷记卡先消费再还款。贷记卡透支期限最长为 60 天，透支利率为每日万分之五。

单位卡资金只能从基本账户中转入，不得存现金，也不能将销售收入转入。

银行卡注销通常为有效期满的 45 天。

汇兑就是委托银行将款项通过信汇或者电汇（电汇凭证见图 11-9）的方式给收款人。随着电子转账业务的发展，这种方式已经很少使用了。

委托收款（委托收款凭证见图 11-10）就是收款人委托银行向付款人收取款项的方式。既可以同城使用，也可以异地使用，常见的如水电公司委托银行收取水电费，企业也可以委托银行帮助收取债券、存单、已经承兑的商业汇票等。

托收承付，国有企业、供销社和管理较好的集体企业才能使用（都是公有制的企业），代销、寄销、赊销不能使用这种方式。使用这种方式的前提是购销双方的合同中规定使用托收承付方式。

中国建设银行

电 汇 凭 证

币别：　　　　　　2016 年 3 月 18 日　　　　　　流水号：

汇款方式	□普通　□加急		
汇款人 全　称	长沙××公司	收款人 全　称	湖南××酒店
账　号	125×××	账　号	561×××
汇出行名称	建行××支行	汇入行名称	建行×××支行

金额 人民币（大写）　肆仟柒佰肆拾陆元整　　亿千百十万千百十元角分　¥ 4 7 4 6 0 0

支付密码

附加信息及用途　货款

此汇款支付给收款人

客户签章

会计主管　　　授权　　　复核　　　　　录入

此联汇出行给汇款人的回单

图 11-9　电汇凭证

委托收款凭证（回单）　　1　　第　号

委电	委托日期：　　年　月　日　　委托号码：				
付款人 全　称	东南公司	收款人 全　称	长江公司		
账号或地址	753×××	账号或地址	518×××		
开户银行	工行××支行	开户银行	工行××支行		

托收金额	人民币（大写）　捌仟元整	千百十万千百十元角分　¥ 8 0 0 0 0 0
款项内容	货款	委托收款凭据名称　发票　　附寄单证张数　1
备注	电划	款项收妥日期　　年　月　日　　收款人开户银行盖章　　年　月　日

此联是收款人开户银行给收款人的回单

图 11-10　委托收款凭证

具体程序是，收款人（销售方）发货后，将发货凭证交给开户银行，开户行再把资料邮寄给付款行，付款行收到托收凭证后，通知付款人，对于验单付款通常为3天，验货付款通常为10天，付款人没有拒绝付款的，付款行在期满后次日上午付款（这种方式现在很少用）。

国内信用证见图11-11。这种方式的使用程序是，申请人（购买方）向银行做开证申请，并交不少于合同金额20%的保证金，银行审核后，将信用证交付给受益人（销售方），受益人销售货物后，银行审核单证，扣除手续费后，将款项付给受益人（销售方）。

中国工商银行
Industrial and Commercial Bank of China

信 用 证（副本）

开证日期： 年 月 日

开证申请人	全 称		受益人	全 称	
	地址、邮编			地址、邮编	
	账 号			账 号	
	开户行			开户行	

开证金额	人民币（大写）		亿 千 百 十 万 千 百 十 元 角 分

有效日期及有效地点 _____
通知行名称及行号 _____

运输方式：_____　　　交货期：_____
分散装运：允许□　不允许□　　付款方式：即期付款□　延期付款□　议付□
转　　运：允许□　不允许□
货物运输起止地：自_____至_____　　议付行名称及行号：_____
最迟装运日期：___年___月___日　　付款期限：即期□　运输单据日后___天
货物描述：_____

受益人应提交的单据：_____

其他条款：_____

本信用证依据中国人民银行《国内信用证结算办法》和申请人的开证申请书开立。本信用证为不可撤的、不可转让信用证。我行保证在收到单证相符的单据后，履行付款的责任。如信用证系议付信用证，受益人开户行将每次提交单据情况背书记录在正本信用证背面。

开证行地址：_____　　邮编：_____
电传：_____
电话：_____
传真：_____　　编押：_____　　开证行签章：_____

图11-11　信用证

至此，初级会计的基本知识已介绍完，读者可尝试考取会计从业资格证书。此后两章税的介绍，不在考试范围内，老师和学生可根据需要安排学习。

☆ 考考你

一、单项选择题

1. 下列关于托收承付的说法中，错误的是（　　）。
   A. 使用托收承付结算方式的收款单位和付款单位，必须是国有企业、供销合作社，以及经营管理较好，并经开户银行审查同意的城乡集体所有制工业企业
   B. 收付双方办理托收承付结算，必须重合同、守信用
   C. 收款人对同一付款人发货托收累计 2 次收不回货款的，收款人开户银行应暂停收款人向该付款人办理托收
   D. 付款人累计 3 次提出无理拒付的，付款人开户银行应暂停其向外办理托收

2. 以银行以外的单位或在银行存款账户的个人为收款人的，委托收款凭证必须记载（　　）。
   A. 付款人开户银行名称
   B. 收款人开户银行名称
   C. 被委托银行名称
   D. 委托银行名称

3. 商业汇票的付款期限，最长不得超过（　　），提示付款期限为自汇票到期日起（　　）内。
   A. 1 个月、10 日　　　　　　　　B. 3 个月、1 个月
   C. 6 个月、10 日　　　　　　　　D. 1 个月、30 日

4. 由出票人签发、委托办理该种票据存款业务的银行在见票时无条件支付确定的金额给收款人或者持票人的结算方式是（　　）。
   A. 银行汇票　　B. 支票　　C. 银行本票　　D. 商业汇票

5. 挂失止付是指失票人将丧失票据的情况通知给（　　）的一种方式。
   A. 银行　　B. 付款人　　C. 收款人　　D. 保证人

6. 根据票据法律制度的规定，下列有关汇票未记载事项的表达中，正确的是（　　）。

　　A. 汇票上未记载付款日期的，出票后3个月内付款

　　B. 汇票上未记载付款地的，出票人的营业场所、住所或者经常居住地为付款地

　　C. 汇票上未记载收款人名称的，经出票人授权可以补记

　　D. 汇票上未记载出票日期的，该汇票无效

7. 关于银行结算账户的管理，下列表述不正确的是（　　）。

　　A. 银行应明确专人负责银行结算账户的开立、使用和撤销的审查与管理，建立健全开销户登记制度，建立银行结算账户管理档案，按会计档案进行管理

　　B. 银行结算账户管理档案的保管期限为银行结算账户撤销后15年

　　C. 银行应对存款人使用银行结算账户的情况进行监督，对存款人的可疑支付应按照中国人民银行规定的程序及时报告

　　D. 银行应对已开立的单位银行结算账户实行年检制度，检查开立的银行结算账户的合规性，核实开户资料的真实性

8. 根据异地银行结算账户的使用范围，在异地临时经营活动需要开立（　　）。

　　A. 信用卡　　　　　　　　B. 信用证

　　C. 基本存款账户　　　　　D. 临时存款账户

9. 单位从其银行结算账户支付给个人银行结算账户的款项，每笔超过（　　）的，应向其开户银行提供相关付款凭证。

　　A.1万元　　　B.2万元　　　C.3万元　　　D.5万元

10. 下列情形中，不可以开立临时存款账户的是（　　）。

　　A. 设立临时机构　　　　　B. 异地临时经营活动

　　C. 期货交易保证金　　　　D. 注册验资

二、多项选择题

1. 下列符合支付结算凭证填写要求的有（　　）。

　　A. 银行、单位和个人填写的各种票据和结算凭证是办理支付结算和现金收付的重要依据，直接关系到支付结算的准确、及时和安全

　　B. 票据和结算凭证是银行、单位和个人凭以记载账务的会计凭证

C. 票据和结算凭证是记载经济业务和明确经济责任的一种书面证明

D. 填写票据和结算凭证，必须做到标准化、规范化、要素齐全、数字正确、字迹清晰、不错漏、不潦草，以及防止涂改

2. 符合银行汇票申办的基本规定的有（　　）。

    A. 收款人受理银行汇票依法审查无误后，应在出票金额以内，根据实际需要的款项办理结算，并将实际结算金额和多余金额填入银行汇票和解讫通知的有关栏内

    B. 银行汇票的实际结算金额低于出票金额的，其多余金额不需要退交申请人

    C. 未填明实际结算金额和多余金额或实际结算金额超过出票金额的，银行不予受理

    D. 银行汇票的实际结算金额不得更改，更改实际结算金额的，加盖更改人的印章后方可生效

3. 托收承付凭证的记载事项有（　　）。

    A. 表明"托收承付"的字样

    B. 付款人的开户银行名称

    C. 付款人签章

    D. 收款人签章

4. 下列关于议付的表述，正确的有（　　）。

    A. 议付行议付后，应将单据寄开证行索偿资金

    B. 除非信用证另有规定，索偿金额不得超过单据金额

    C. 议付行议付信用证后，对受益人具有追索权，到期不获付款的，议付行可从受益人账户收取议付金额

    D. 议付行议付后，应按规定向受益人收取议付手续费及邮电费

5. 下列关于国内信用证的开证程序表述中，正确的有（　　）。

    A. 开证申请人使用信用证时，应委托其开户银行办理开证业务

    B. 开证申请书和承诺书是开证银行向受益人开立信用证的依据，也是开证银行与开证申请人之间明确各自权责的契约性文件

    C. 开证行根据申请人提交的开证申请书、信用证申请人承诺书及购销合同决定是否受理开证业务

D. 开证行决定受理开证业务时，应向申请人收取不低于开证金额 10% 的保证金，并可根据申请人资信情况要求其提供抵押、质押或由其他金融机构出具保函

6. 下列关于支付结算的基本原则，叙述正确的有（　　）。

　　A. 恪守信用、履约付款是支付结算的基本原则之一

　　B. 银行不垫款原则，有利于保护银行资金的所有权或经营权，也有利于促使单位和个人以自己所有或经营管理的财产直接对自己的债务承担责任，从而保证了银行资金的安全

　　C. 银行必须将存款人资金与银行自有资金严格区分开来，不可混淆

　　D. 支付结算的三个原则只能单独发挥作用，从而切实保障结算活动的正常进行

7. 下列关于票据记载事项的描述中，正确的有（　　）。

　　A. 相对记载事项，是指除了绝对记载事项外，《票据法》规定的其他应记载的事项，这些事项如果未记载，由法律另做相应规定予以明确，并不影响票据的效力

　　B. 汇票上没有记载付款日期的，为见票即付

　　C. 汇票上未记载付款地的，付款人的营业场所、住所或经常居住地为付款地

　　D. 出票人在汇票上记载"不得转让"字样的，记载无效，汇票可以转让

8. 银行卡按照账户币种的不同分为（　　）。

　　A. 人民币卡　　　B. 外币卡　　　C. 双币种卡　　　D. 借记卡

9. 下列关于银行卡的分类中，表述错误的有（　　）。

　　A. 银行卡按照发行主体是否在境内分为境内卡和境外卡

　　B. 银行卡按照是否给予持卡人授信额度分为磁条卡和芯片卡

　　C. 银行卡按照账户币种的不同分为人民币卡、外币卡和双币种卡

　　D. 银行卡按照信息载体不同分为信用卡和借记卡

☆ 答案

一、单项选择题

1. C

2. B

3. C

4. B

5. B

6. D

7. B

8. D

9. D

10. C

二、多项选择题

1. ABCD

2. AC

3. ABD

4. ABCD

5. ABC

6. ABC

7. ABC

8. ABC

9. BD

Chapter 12
第十二章

十八种税简介

如今税多少?

把酒问青天。

不知课税对象,

今夕已十八㊀。

我欲细分大类,

又恐界限不清㊁,

差强分五类,

所流财行资㊂。

所得类,

虽公正㊃,

收不易㊄。

㊀ 我国目前征收税种为18个。
㊁ 同一课税对象可能征收多种税,一种税也可能兼有不同属性。
㊂ 所得类税、流转类税、财产类税、行为目的税、资源类税。
㊃ 有利于抑制贫富分化,防止垄断,促进公平竞争和社会经济健康发展。
㊄ 不易计算,监管成本过高,因此占我国税收总体比例不大。

增营消关^①,

流转易征损公平^②。

财有房地车契^③,

行有土城车印^④,

两者实难分^⑤。

但愿税合理^⑥,

征纳共婵娟^⑦。

——改自苏轼《水调歌头·丙辰中秋》

---

① 增值税、营业税、消费税、关税,其中营业税于2016年5月被增值税代替。
② 容易征收,但也易转嫁,导致商品价格偏高,形成垄断,为我国税收主体。
③ 房产税、城镇土地使用税(有争议)、车船使用税(有争议)、契税。
④ 土地增值税、城市维护建设税、车辆购置税(有争议)、印花税。
⑤ 有观点将资源类税划入财产税,故说,财产类税和行为类税两者。
⑥ 建议公正和效率并重,加强立法,提高所得税比重,减轻流转类税。
⑦ 征税人和纳税人共同协商税赋,和谐发展。

姓名：税　　　　**出生日期**：大约 7 000 年前

主要联系方式：发票

本质：政府与纳税人之间，根据事先达成的合同（税法）而进行的一种强制性交易。政府为公共安全等服务的唯一出售者，纳税人为购买者，由于交易涉及人数众多，为了便于达成交易，具体每个纳税人通常不能自由选择所购买的服务种类和价格，但可以通过法定程序表达自己的意见，最终是否实现，主要遵循少数服从多数的原则。

特征

合法性（我国暂时为固定性）：现代国家收税实质是政府与纳税人达成一种合同，税款用途和税款多少都需要民众（人民代表大会、议会）同意方才具有法律效力。

无偿性：具体到每个纳税人（个人和企业），交税和不交税所获得的服务是一样的，不交税会获得相应的惩罚。

强制性：税收不是自愿公平交易，纳税人如果不按税法缴纳税金，税务机关可以强制执行，并对纳税人依法进行处罚。同理，如果税务机关不依法征税，纳税人可以拒绝缴纳税款，并依法申请税务机关给予赔偿。

主要社会关系

母亲：社会分工和私有制　　　　**父亲**：强制机关

一、税收的主体：征收人和纳税人关系演绎

在人类社会的早期，由于没有什么财产，大家都是"无产"阶级，一起劳动，一起分食物。后来人类生产能力提高了，食物多了，需要专人管理食物，这个职务往往由聪明人承担。开始的时候，大家相安

无事，后来聪明人多了，意见不一致，一些聪明人就和力气大的人结成同盟，先打倒了其他聪明人，然后欺骗和恐吓不聪明的人，世袭了管理食物和财产这个职务，于是这个职务就换了一个名字，叫作"王"。

聪明的"王"给大家提供安全和秩序，并派人指导大家劳动，也悄悄占有了全部食物和财产（这些东西原来由他管理，占有也方便）。食物和财产太多，"王"自己管理不过来，就把财产分给一些帮手，这些帮手也大都是世袭的，就成了后来的贵族。贵族在管理奴隶劳动、收回财物后，分给奴隶最基本的生活物资。**这个时期不存在税收，是一种依靠"欺骗和暴力"进行财产强制分工和收益分配的体系。**

由于贵族没有精力天天看着奴隶干活，奴隶发现干多干少一个样，于是偷懒不好好干活，贵族的收入也因此逐渐减少。为了刺激奴隶的生产积极性，贵族就把土地分给奴隶，收取固定的地租，剩下的都是农民自己的。

"王"这时候也发现依靠贵族"进贡"不靠谱，**就依据人口和田地对贵族和农民收税**。由此可见，严格意义上的税收不是一种收益分配，而是以承认财产私有制、保障劳动者积极性为前提的。但私有制下的人是不愿意交税的，这就需要政府强制机构作为后盾，比如我国历代政府都从法律上规定了对于不交税人的处罚。因此，我认为税收的妈妈是私有制和社会分工（社会管理者和劳动者），爸爸是国家的强制机构。

二、税收的客体：征税对象

税收自诞生以来，一直让征税者困惑的是，依据什么收税，既要征收到足够的税款以维持政府运营，又不能让老百姓太反感以至于揭竿而起。**这就是既要拔鹅毛，又不能让鹅感觉到疼**，是个技术活。

在我国古代，很多政治家都为此头疼，不过受生产能力所限，当时征税客体无非就是田地和人口。早期土地比较多，为了保证税收，就以人口为主，中晚期的时候，人口多，土地资源紧缺，征税就以田地为主。中华人民共和国成立后，由于是公有制的社会主义经济体制，基本取消了税收；改革开放后，为了刺激企业的积极性，又恢复了税收，特别是1992年进行税制改革，奠定了我国现有税收体系的基本结构。

当前我国到底有多少种税？在2014年以前，说法是不一的。财政部说是19种，国税总局说是20种，北京市地税网站上还介绍过有25种。2014年，财政部部长楼继伟在回答记者提问时说是18种。这些官方说法的不一致，一个原因是近几年我国税制变动较多，比如在2008年取消外商投资企业所得税、农业税等；还有一个更主要的原因，**套用楼部长的话为"效率优先"，我国征收的18种税收仅有3种税（企业所得税、个人所得税、车船税）是经过人大立法的**，其他税都是授权国务院征收的。而且，**除税之外，政府还征收各种费**，比如残疾人就业保障金、文化事业建设费、教育费附加、社保费等。在我国，这些费和税实质上区别不大，因此，清查我国有多少种税的实际意义不大，也就出现了口径不一致的情况。

虽然税种数量口径不一，但是税种大类是比较确定的。我们把税种分为五大类：所得类税、流转类税、财产类税、行为目的税、资源类税。

三、所得类税

纳税人赚钱了（有利润了），自然高兴，税收也少不得，纳税人要是赔钱了，政府就不征税了，这样纳税人也不会感觉太痛苦。纳税人赚得越多，国家征得也越多，这样也公平，所以很多发达国家都是以所得类税作为税收的主体。但所得类税计算比较麻烦，征税成本较高。比如，企业所得税要将会计利润调整成应纳税所得额，再乘以税率，对于会计来说，这个调整工作十分麻烦，对于税务机关监管也不容易。个人所得税纳税主体十分分散，也不好征收，因此，目前所得类税在我国还没有占主要地位，应该是未来发展的重要方向。

第一种：企业所得税

企业所得税是主要针对企业（具有法人性质的）就其所得（根据利润调整后的应纳税所得额）征收的一种税。由于所得税核算比较复杂，难度较大，这里仅做简单介绍。

1. 谁交税（纳税义务人）

企业所得税纳税义务人是企业，这里的企业指的是法人性质的企业单位。非法人性质的组织，比如个体户、承包经营者、私营企业、合伙企业，由于在法律上个人财产和单位财产不做区分，缴纳的是个人所得税。另外，对于行政事业型单位，其本身不是以盈利为目的的组织，财务也不核算所得（利润），原则上也不用缴纳企业所得税。

2. 交多少

企业缴纳多少税费，主要取决于税基（计算税金的基础）和税率。企业所得税的税基是应纳税所得额，可以理解为税务认可的利润，应纳税所得额 = 税务认可的收入 − 税务认可的费用（可抵扣支出），但是由于收入和费用的税务标准和会计标准并不完全一致，因此，企业在计算所得税时需要将会计利润调整成应纳税所得额。公式为：应纳税所得额 = 会计利润 + 调增事项 − 调减事项。具体调整事项需要对照会计准则和税务规定分析，十分繁多，这里仅对常见事项做介绍。

（1）税基计算（应纳税所得额计算）。

①常见的调减事项。

财政拨款：对于企业来说，就是政府对企业的补助，从性质上说，不是企业经营产生的利益，从税务角度看，属于不征税的收入，但对于企业来说，政府补助是一种经济利益流入，会计应计入营业外收入或者递延收益（后期收益）。由于税务（相对企业来说）少计入了这部分收入，因此，需要从企业的会计利润中调减这部分。

[例12-1]老人家公司2015年的会计利润是100万元，其中包括财政拨款10万元，则应纳税所得额（税务利润）=100-10=90（万元）。

国债利息收入：国债利息收入是经营利益流入，但税务机关考虑到企业急国家之所急，把钱借给国家，精神可嘉，因此，对这部分收入免于征收企业所得税。

[例12-2]老人家公司2015年的会计利润是100万元，其中国债利息收入10万元，则应纳税所得额=100-10=90（万元）。

符合条件的居民企业间股息、红利收入：企业取得投资分红（股息或者红利），虽然属于企业的经营利益流入，但实际上，如果被投资单位也是中国的居民企业（注册或者实际经营地在中国），在分红前已经根据中国税法缴纳过企业所得税了，要是对投资单位再征收一遍所得税，也不大合适，因此，税务机关对这部分收入也免征企业所得税。

[例12-3]老人家公司2015年的会计利润是100万元，其中从小人家公司分回股利10万元。小人家公司的注册和经营地也在中国，则应纳税所得额=100-10=90（万元）。

②常见的调增事项。

调增事项分为全额调增事项和差额调增事项。全额调增事项是指税务机关不认可企业的某些支出,比如罚款、罚金、滞纳金、赞助支出等。

[例12-4] 老人家公司2015年的会计利润是100万元,其中税收滞纳金为10万元,则应纳税所得额=100+10=110(万元)。

差额调增是指税务机关仅认可在一定标准内的某些支出,这些支出如果超过税务机关给定的标准,就需要调增超标部分,如果没有超过税务机关给定的标准,则不需要调整。比如,业务招待费、广告宣传费、捐赠支出等。

[例12-5] 老人家公司2015年的会计利润是100万元,其中捐赠支出为15万元,税务规定标准为会计利润的12%。税务允许扣除的标准为12(=100×12%)万元,实际发生15万元,超过标准3万元需要调增。因此,应纳税所得额=100+3=103(万元)。

(2)税率。

企业所得税的税率分为三档:一般企业的税率是25%,小型微利企业的税率是20%,高新技术企业的税率是15%。

(3)计算和分录。

$$应纳企业所得税 = 应纳税所得额 \times 税率$$

[例12-6] 老人家公司2015年的会计利润为100万元,其中国债利息10万元,从小人家公司取得分红5万元,税务机关罚款8万元,捐赠支出16万元。

应纳税所得额=会计利润(100)−国债利息(10)−分红(5)
　　　　　　+罚款(8)+超标部分(16−100×12%)

$$=97（万元）$$

应纳所得税＝应纳税所得额（97）× 税率（25%）=24.25（万元）

分录为（单位：万元）：

借：所得税费用　　　　　　　　　　　　　　24.25

贷：应交税费——应交企业所得税　　　　　　24.25

第二种：个人所得税

1. 谁交税

个人所得税是依据个人（自然人和非法人性质企业）的各项应税所得而征收的一种税。这个税种的纳税义务人十分广泛，和每个自然人直接相关，税率为超额累进税率，本意是收入越高征税越多，收入较少不征税，甚至有的国家对于收入极少的贫困人员发放个人所得税。因此，这个税种有利于调节社会贫富分化，也相对公正，很多发达国家都以个人所得税为主体。

根据2009年财政部个人所得税课题研究组报告，个人所得税已经成为我国税收的第四大税种，不过税收主要来自工薪阶层，占50%以上，而月薪在5 000元以下的又占到薪酬所得税总额的55%以上。也就是说，我国缴纳个人所得税的主体不是富人，这个税种并没有起到调节贫富的作用。不过，近期财政部也在进行调研，这种情况可能会有所改变，估计以后根据居民收入和物价水平调增免征额。也有可能向西方国家学习，计征个人所得税的时候考虑个人家庭的具体情况。比如，如果纳税人需要抚养的无收入人（孩子等）比较多，计算税基的时候可增加一些抵扣额。

2. 交多少

具体来说，个人所得税征税范围如下。

（1）工资薪酬：个人因任职或者受雇而取得薪酬收入。

① 税基：薪酬收入减去免征额（理论上为个人生活必要成本支出）。

中国人计税依据=工资、薪金收入（扣除三险一金后的）-3 500

外籍人员计税依据=工资、薪金收入（扣除三险一金后的）-3 500-1 300

② 税率：超额累进税率从3%～45%分了7级，具体如表12-1所示。

表12-1 2011年9月1日起调整后的7级超额累进税率

全月应纳税所得额	税率	速算扣除数（元）
全月应纳税所得额不超过1 500元	3%	0
全月应纳税所得额超过1 500元至4 500元	10%	105
全月应纳税所得额超过4 500元至9 000元	20%	555
全月应纳税所得额超过9 000元至35 000元	25%	1 005
全月应纳税所得额超过35 000元至55 000元	30%	2 755
全月应纳税所得额超过55 000元至80 000元	35%	5 505
全月应纳税所得额超过80 000元	45%	13 505

③ 计算公式。

工资薪酬个人所得税=应纳税所得额（税基）×税率-速算扣除数

④ 案例。

[例12-7]假设我当月工资总额为8 000元，三险一金为2 000元，请问需要缴纳多少个人所得税？

解析：首先，判断所适用的税率：应纳税所得额=8 000-2 000-3 500=2 500（元），2 500元大于1 500元小于4 500元，查看税率表属于第二档，税率为10%，扣除数为105。

其次，计算应缴纳的个人所得税：我应缴纳的个人所得税=（8 000-2 000-3 500）×10%-105=145（元）。

单位会计账务处理为：

借：应付职工薪酬——工资　　　　　　　　　　8 000

　　贷：应交税费——应交个人所得税　　　　　　145

　　　　应付职工薪酬——三险一金（个人部分）　2 000

　　　　银行存款　　　　　　　　　　　　　　5 855

（2）劳务报酬。

劳务报酬是指个人从非雇用关系的单位外取得报酬，也就是常说的兼职收入。

①劳务报酬的税基。

如果取得劳务报酬低于4 000元，为劳务报酬−800。

如果取得劳务报酬高于4 000元，为劳务报酬×（1−20%）。

②税率如表12-2所示。

表12-2　劳务报酬的税率

级距	劳务报酬所得	税率	扣除数
1	不超过20 000元的部分	20%	0
2	超过20 000～50 000元的部分	30%	2 000
3	超过50 000元的部分	40%	7 000

③计算公式。

劳务报酬个人所得税＝税基（应纳税所得额）×税率−扣除数

④案例。

[例12-8]假设某月我兼职讲课取得课时费6 000元，计算应缴纳的个人所得税。

解析：由于6 000元大于4 000元，应纳税所得额＝6 000×（1−20%）＝4 800（元）。

判断税率，4 800元小于20 000元，税率为20%，应交个人所得

税 =4 800×20%=960（元）。

（3）稿酬。

稿酬的免征额和劳务报酬是相同的，税率为20%，减征30%，实际税率是14%［=20%×（1-30%）］。股息、利息、财产转让所得等，税率通常为20%。

[例12-9] 假设我于2015年10月取得稿酬3 000元（含税），计算出版社应代扣代缴的个人所得税。

解析：由于3 000元小于40 000元，免征额为800元，适用税率20%，则个人所得税=（3 000-800）×14%=308（元）。

（4）个体工商户经营所得。

个体工商户，经营者实际就其所经营"企业"的利润为征税对象，但由于在法律上"合伙企业""私营企业""个体工商户"不具备独立的法人资格，实际上企业财产和家庭财产混淆在一起，因此，个体工商户不征企业所得税，而征收个人所得税，但计算原理和企业所得税比较接近。

①税基：应纳税所得额=收入总额-成本-费用-损失-允许扣除的税金。

②税率如表12-3所示。

表12-3 个体工商户所得税税率

级数	含税级距	税率(%)	速算扣除数
1	不超过5 000元的	5	0
2	超过5 000元至10 000元的部分	10	250
3	超过10 000元至30 000元的部分	20	1 250
4	超过30 000元至50 000元的部分	30	4 250
5	超过50 000元的部分	35	6 750

③ 计算公式。

个人所得税＝税基（应纳税所得额）×税率－速算扣除数

④ 案例。

[例12-10] 假设老人家餐馆为私营企业，11月份收入总额为31万元，消耗材料为10万元，员工为5人，每人3 000元，管理者给自己规定的工资为5 000元，其他费用及税金为6万元。

解析：老人家餐馆合理的成本费用，税务上通常都是允许扣除的，但是所有者自己的工资是不能扣除的，只能扣除免征额部分3 500元。因此，应纳税所得额＝31－10－5×0.3－0.35－6＝13.15（万元）。

判断税率，由于13.15万元大于5万元，故适用的税率为35%。

应交个人所得税＝13.15×35%－0.675＝3.927 5（万元）。会计处理如下（以餐馆为会计主体，单位：万元）：

借：所得税费用　　　　　　　　　　3.927 5

贷：应交税费——应交个人所得税　　3.927 5

四、流转类税

很多发展中国家，比如我国，大多数企业由于各种原因账面利润很少，而征收所得税的成本又很高。因此，税务机关想到另外一个环节，就是在商品和劳务流转（主要为销售）的时候征税。纳税人通常会在这个环节产生收入，征税时，纳税人不至于无款可交。另一方面，商品或者劳务流转容易盘查，销售商品和劳务是必须要开发票的，便于监管。因此，**考虑到效率优先，流转类税是我国的税收主体**。

当然，相对于所得类税而言，**流转税是不太公平的**。因为无论企业有没有利润，只要商品流转就要缴纳税金，不利于经济的健康发展，容易导致贫者愈贫，富者愈富。而且，**企业往往将税金增加到商品价格上，将税负转移到最终消费者身上，这样导致商品价格偏高，消费者利益受损，对经济的整体发展是有害的**。为此，发达国家纷纷减少甚至放弃流转税，从长远看，这也是我国税制改革的方向。

第三种：增值税

详情参见第十三章增值税，此处不赘述。

第四种：消费税

生产有害健康的产品或者奢侈品的企业，就多交一遍税吧。

1. 谁交税

在我国境内**生产、委托加工、进口、零售**（仅限于金银首饰）烟、酒、鞭炮、化妆品、成品油、贵重首饰、高尔夫球及球具、高档手表、游艇、小汽车等14类消费品的**单位和个人**。由于这14类都属于货物，因此，缴纳消费税同时也需要缴纳增值税，一种课税对象需要缴纳二重税，主要原因是为了限制这些产品销售（烟、酒等对人的身体有坏处），另一个方面也是增加财政收入。

2. 交多少

（1）税基，也就是计税价格，消费税的税基为销售额，与增值税的销项税基本一致，不含增值税，但包括价外费用。

[例12-11] 老人家汽车厂当月销售小汽车取得含增值税的收入117万元，另收取价外费用（价外费用都是含增值税的）1.17万元。消费税税基=（117+1.17）/（1+17%）=101（万元）。应缴纳的消费税=101×3%=3.03（万元）。

（2）税率：消费税的税率主要分为以下三类。

比例税率（3% ~ 45%）：一般采用从价定率计算。例如，老人家汽车公司当月销售小汽车的销售额为100万元，消费税税率为3%，则消费税为3万元。

定额税率：一般采用从量定额计算。例如，老人家黄酒厂当月生产销售黄酒10吨，销售额为20万元，黄酒的消费税税率为240元/吨，则消费税 =10×240=2 400（元）。采用从量征税的货物不考虑销售价格，仅适用于啤酒、黄酒、成品油等货物。

混合税率：就是从价征收＋从量征收。例如，老人家白酒厂当月销售10吨白酒，销售额为10万元。白酒的比例税率为20%，定额税率为0.5元/500克，则应缴纳的消费税为100 000×20%＋10 000×2×0.5=30 000（元）。

第五种：营业税

已经告别了，就不介绍了。㊀

第六种：关税

国家门口不能随便过，要想过此门，留下买路财。

1. 谁交税

进口货物的收货人，出口货物的发货人，进出境物品的所有人。为了保护我国民族经济发展，根据重商主义经济学派的观点，我国主要征收进口货物的关税，除了对我国也紧缺和特有的资源外，出口几乎不征关税。

㊀ 营业税于2016年5月被增值税代替。

2. 交多少

（1）税基：关税的征税基础是关税的完税价格。进口货物通常以海关审定的**到岸价格（CIF）**为进口关税完税价格；出口货物以该货物销售于境外的**离岸价格(FOB)减去出口税**后，经过海关审查确定的价格为完税价格。

（2）税率：关税税率高低和国与国的外交关系密切相关，根据远近亲疏，我国的关税主要分为最惠国税率、协定税率、特惠税率、普通税率四类。具体税率形式和消费税的税率形式比较接近，包括从价比例、从量定额、复合征税。另外，为了保护国内经济稳定，还增设滑准税率，是指关税的税率随着进口商品价格的变动而反方向变动的一种税率形式，即价格越高，税率越低，税率也为比例税率。因此，实行滑准税率的进口商品应纳关税税额的计算方法，与从价税的计算方法相似。

（3）案例。

[例12-12]老人家公司从美国进口摩托车1 000辆，经海关审定FOB（离岸价）为180万美元，另支付运输费12万美元，保险费3万美元，包装费5万美元。该批摩托车进口关税的税率为23%，假设1美元=6元人民币。消费税税率为10%，增值税的税率为17%。

关税的完税价格=（180+12+3+5）×6=1 200（万元）

应缴纳的关税=1 200×23%=276（万元）

增值税和消费税的计税基础通常是一致的，包括价内税（关税、消费税、营业税等）、不含价外税（增值税）。也就是：

税基＝关税的完税价格＋关税＋消费税

可以推出：

税基－消费税＝关税完税价格＋关税

由于消费税＝税基×税率，代入上式，则：

税基－税基×消费税税率＝关税完税价格＋关税

税基×（1－消费税税率）＝关税＋完税价格

税基＝（关税＋关税完税价格）/（1－消费税税率）

应缴纳的消费税＝（1 200+276）/（1－10%）×10%=164（万元）

应缴纳的增值税＝（1 200+276）/（1－10%）×17%=278.8（万元）

摩托车成本＝关税完税价格＋关税＋消费税=1 200+276+164

＝1 640（万元）

会计处理如下（单位：万元）：

借：库存商品——摩托车　　　　　　　　　1 640

　　应交税费——应交增值税（进项税额）　278.8

　贷：银行存款　　　　　　　　　　　　　1 478.8

　　　应交税费——应交消费税　　　　　　　164

　　　应交税费——应交关税　　　　　　　　276

五、财产类税

纳税人拥有财产，一般都有较强的纳税能力，而且，国家帮助纳税人保护财产，自然也应该收点费用。财产税是历史最悠久的一种税收，适当征收财产税，既能满足政府需要，又有利于社会公平。但征收太多，会伤害有钱人创造财富的积极性，也不利于经济发展。财产税目前在我国所占比例并不大，主要包括房产税、契税、车船使用税。

第七种：房产税

拥有房产，需要政府保护产权，按年交点管理费吧。

1. 谁交税

房产税由产权所有人缴纳。产权属于全民所有的,由经营管理的单位缴纳。产权出典的,由承典人缴纳。产权所有人、承典人不在房产所在地的,或者产权未确定及租典纠纷未解决的,由房产代管人或者使用人缴纳。目前,居民的自用居住房屋不征房产税。

2. 交多少

(1)从价计征的,其计税依据为房产原值一次减去10%~30%后的余值,税率为1.2%。例如,老人家公司房产的原值是100万元,2015年需缴纳的房产税=100×(1-30%)×1.2%=0.84(万元)。

(2)从租计征(房产出租)的,用于经营的税率为12%。例如,老人家公司将原值100万元的厂房租给小人家公司用于经营,2015年的租金为10万元,则需缴纳的房产税=10×12%=1.2(万元)。

(3)个人出租用于居住的,税率为4%。例如,老人家将位于燕郊的房子出租给张某用于居住,2015年租金为1万元,则需缴纳的房产税=10 000×4%=400(元)。

第八种:契税

买了地产,得受国家认可呀,交点证明费吧。

1. 谁交税

在我国境内以买卖、赠与等方式取得土地和房屋权属的单位和个人。

2. 交多少

(1)税基:通常为税务机关认可的交易价格,如果双方交换房地产，不涉及补价的不交税，涉及补价的补交，按补价为税基。

（2）税率：比例税率为3%～5%，一般为3%。对于个人首次购买90平方米以下的房屋，减按1%征收。

[例12-13] 张三2015年在燕郊首次购买80平方米的房屋，价款为50万元，需缴纳的契税=500 000×1%=5 000（元）。会计上一般计入固定资产成本，小企业可以不用计提税金。

第九种：车船使用税

车船行驶在江湖，太拥挤了，交点税、修修道。

这个税兼具财产税和行为税的特点，更接近行为税。但是由于最初征收目的主要考虑财政收入，一般学者将其划为财产税，本文也采用这个观点。实际上随着对环境保护的重视，车船使用税分到行为税可能更合适。

1. 谁交税

在我国境内行驶机动车和船舶的单位和个人。通常由车船所有者缴纳，如果车船出租，双方可协商税款的缴纳人，没有协商的，由使用人缴纳。仅在厂区内部行驶的车辆不征税。

2. 交多少

（1）税率。

采用定额税率，根据车的用途、排量和乘坐人数不同，税率也不同。

（2）案例。

[例12-14] 王二有一辆5座小汽车，相对应的车船使用税税率为

350元/辆，则2015年需缴纳的车船使用税=1×350=350（元）。

六、行为目的税

征税机关对利润（所得）、收入（流转）、财产都征税，可还是不能满足需求，于是开始研究哪些行为可以征税。行为税一定要有所选择，是个行为都征税的话，税务机关得累死，纳税人得气死。研究来研究去，我国选择对以下六种情况征收行为税。

第十种：船舶吨位税

国家的门口不能随便站着，得交税。

1. 谁交税

进出我国海关口岸的船舶的单位和个人。

2. 交多少

税率：船舶吨位税按照是否与我国签订最惠国待遇，分为普通税率和优惠税率，根据净吨位和执照期限（在我国口岸时间）的不同而不同。

[例12-15] 美国老人家公司净吨位为1 900吨的船驶入我国口岸，办理为期30天的执照，假设我国与美国签订了相关协议，适用最惠国待遇，税率为每吨1.5元，应缴纳船舶吨位税=1 900×1.5=2 850（元）。会计处理如下：

借：营业税金及附加　　　　　　　　　　　　2 850
　　贷：应交税费——应交船舶吨位税　　　　　　2 850

第十一种：印花税

立凭证，政府帮你当证人，得收点公证费。

1. 谁交税

立合同人、立据人、立账簿人、领受人和使用人、电子凭证签订人。

2. 交多少

（1）税率如表12-4所示。

表12-4　印花税税率

税　目	比例税率/定额税率	税　目	比例税率/定额税率
1. 财产租赁合同	1‰	8. 购销合同	0.3‰
2. 仓储保管合同	1‰	9. 建筑安装工程承包合同	0.3‰
3. 加工承揽合同	0.5‰	10. 技术合同	0.3‰
4. 建设工程勘察设计合同	0.5‰	11. 借款合同	0.05‰
5. 货物运输合同	0.5‰	12. 财产保险合同	1‰
6. 产权转移书据	0.5‰	13. 权利许可证照	5元
7. 营业账簿中记载资金的账簿	0.5‰	14. 营业账簿中的其他账簿	5元

（2）案例。

[例12-16] 老人家商贸公司在2015年1月份成立，实收资本为100万元，资本公积为20万元，建立总账、明细账、日记账等5本账簿，领取营业执照1份。当年签订合同金额合计500万元。计算应缴纳的印花税。

定额税率：5本账簿和1份营业执照共6项，即 $6 \times 5 = 30$（元）。

比例税率：成立公司的当年（以后经营年度不需要缴纳），需按照注册资金（实际为实收资本+资本公积）的万分之五缴纳印花税，即$(1\ 000\ 000 + 200\ 000) \times 0.5‰ = 600$（元）。

购销合同方面：5 000 000×0.3‰=1 500（元）。合计=30+600+1 500=2 130（元）。会计上通常计入管理费用，不用计提，分录为：

　　借：管理费用　　　　　　　　　　　　　2 130
　　　　贷：银行存款　　　　　　　　　　　　　　　2 130

第十二种：城市维护建设税

城市是我家，建设靠大家，收点税是应该的。

从征税人的角度看，这个税属于目的税，是为了建设城市而征收的一种税，因此划为行为目的税。

1. 谁交税

在城市（市、县城、建制镇）从事经营活动，缴纳增值税、营业税（现已取消）、消费税的单位和个人。

2. 交多少

税率：市区7%，县城和镇5%，其他1%。

[例12-17]老人家公司2015年11月份应缴纳的增值税为15万元，消费税为5万元，假设老人家公司在市区。

　　应缴纳的城建税=（150 000+50 000）×7%=14 000（元）

会计处理如下：

　　借：营业税金及附加　　　　　　　　　　14 000
　　　　贷：应交税费——应交城市维护建设税　　　14 000

第十三种：车辆购置税

从征收环节角度看，这个税和契税有点相似，都是购买时征收，都是由购买者负担，都是**既有财产税属性，又有行为税属性**。或许是因为土地属于不动产，财产属性更重，一般就划为财产税类，车辆属于动产，就划为行为税了。

1. 谁交税

在我国境内购置规定车辆的单位和个人。需要区分的是，车船使用税是使用车辆交的税，车辆购置税是购买车辆交的税。

2. 税率

通常为10%，属于价外税，因此，计税基础和增值税相同，都是不含增值税，但包括消费税等价内税。一般消费者购买自用车都是包含增值税的，因此，应将包含增值税的价格变成不含税价格，即包含增值税的价格/（1+17%）。

[例12-18] 老人家公司（一般纳税人）2015年购买一辆10万元（不含增值税）的国产车，应按不含增值税部分乘以10%纳税，即10×10%=1（万元）。会计处理如下（《企业会计准则》规定税金需要计提，《小企业会计准则》规定税金不需要计提）：

借：固定资产——汽车　　　　　　　　　　　11
　　应交税费——应交增值税（进项税额）　　1.7
　　贷：银行存款　　　　　　　　　　　　　11.7
　　　　应交税费——应交车辆购置税　　　　1

第十四种：耕地占用税

占用农民耕地，归还后很难修复，交点补偿吧。

这个税兼有资源税和行为目的税的性质，从资源税性质看，征收耕地占用税有利于保护和恢复耕地资源，从行为税目的角度看，是为了限制占用耕地的行为。我觉得耕地是不容易补偿的资源，开征这个税的目的可能就是为了促进工业发展、增加财政收入，因此，就把这个税种划分到行为目的税类了。

1. 谁交税

为建房或从事其他非农业建设而占用国家所有和集体所有的耕地的单位和个人。

2. 交多少

（1）税率规定如表12-5所示。

表12-5 各省、自治区、直辖市耕地占用税平均税额

地　区	每平方米平均税额（单位：元）
上海	45
北京	40
天津	35
江苏、浙江、福建、广东	30
辽宁、湖北、湖南	25
河北、安徽、江西、山东、河南、重庆、四川	22.5
广西、海南、贵州、云南、山西	20
山西、吉林、黑龙江	17.5
内蒙古、西藏、甘肃、青海、宁夏、新疆	12.5

（2）案例。

【例12-19】 老人家公司2015年在河北占用2万平方米耕地用于生产经营，当地耕地占用税每平方米22.5元。应缴纳的耕地占用税=2×22.5=45（万元），该税为一次性征收，以后各年度不征税。会计处理如下（小企业可以不用计提税金，贷方直接计银行存款）：

借：在建工程　　　　　　　　　　　　　　　45

贷：应交税费——应交耕地占用税　　　　　45

第十五种：土地增值税

倒卖房屋土地，基本都是大款，谁都看着都眼热，那就来交税吧。

1. 谁交税

转让国有土地使用权、地上的建筑物及其附着物并取得收入的单位和个人。交这个税的企业往往都需要缴纳营业税，为了增加税收，维护公平，就征税吧。不过营改增后，就会出现两个增值税，一个是营业税改成增值税，由国税局征收，一个是土地增值税，由地税局征收。

2. 交多少

（1）税基：指有偿转让国有土地使用权及地上建筑物和其他附着物产权所取得的增值额；税基＝销售收入－税务机关允许扣除的合理成本费用及税金。

（2）税率。

土地增值税是以转让房地产取得的收入，减除法定扣除项目金额后的增值额作为计税依据，并按照四级超率累进税率进行征收（见表12-6）。

表12-6　土地增值税税率

级数	计税依据	适用税率	速算扣除率
1	增值额未超过扣除项目金额50%的部分	30%	0
2	增值额超过扣除项目金额50%、未超过扣除项目金额100%的部分	40%	5%
3	增值额超过扣除项目金额100%、未超过扣除项目金额200%的部分	50%	15%
4	增值额超过扣除项目金额200%的部分	60%	35%

注：纳税人建设普通住宅出售的，增值额未超过扣除金额20%的，免征土地增值税。对居民个人拥有的普通住宅，在其转让时暂免征收土地增值税。

（3）计算公式。

土地增值税＝增值额（即收入－扣除项目）× 税率－扣除项目 × 扣除率

3. 案例

[**例** 12-20] 老人家地产公司当年销售房产取得收入 9 000 万元，税务机关允许合理扣除的成本、费用、税金为 5 000 万元。则：

增值额 =9 000-5 000=4 000（万元），增值率 =4 000/5 000=80%，判断税率为 40%，应纳的土地增值税 =4 000×40%-5 000×5%= 1 350（万元）。会计处理如下：

借：营业税金及附加　　　　　　　　　　　1 350

　贷：应交税费——应交土地增值税　　　　　1 350

七、资源类税

利润（所得类）、收入（流转类）、财产、行为都作为纳税对象，最后需要考虑的就是资源了。在私有制社会中，资源归私人所有，不同地方的资源产生了收益的差异。比如，有的矿山很容易找到金子，有的矿山没有这种资源。过去为了平衡资源不同导致的收益差异，维护社会公平，开征了资源税，现在征收资源类税更多的是基于对环境的保护。

第十六种：资源税

珍惜资源，保护环境，交点补偿费吧。

1. 谁交税

在中华人民共和国境内开采规定的矿产品或者生产盐的单位和

个人。

2. 交多少

税率：分为比例税率和定额税率，具体如表 12-7 所示。

表 12-7 资源税税率

税 目		税 率
一、原油		销售额的 5%～10%
二、天然气		销售额的 5%～10%
三、煤炭	焦煤	每吨 8～20 元
	其他煤炭	每吨 0.3～5 元
四、其他非金属矿原矿	普通非金属矿原矿	每吨或者每立方米 0.5～20 元
	贵重非金属矿原矿	每千克或者每克拉 0.5～20 元
五、黑色金属矿原矿		每吨 2～30 元
六、有色金属矿原矿	稀土矿	每吨 0.4～60 元
	其他有色金属矿原矿	每吨 0.4～30 元
七、盐	固体盐	每吨 10～60 元
	液体盐	每吨 2～10 元

[例 12-21] 老人家盐场 10 月份生产液体盐 500 吨，其中对外销售 100 吨。当月生产固体盐 1 000 吨（本月已全部对外销售），共耗用液体盐 1 200 吨，其中 400 吨是本企业自产的液体盐，另外 800 吨液体盐全部从另一盐场购进，已知液体盐单位税额每吨 3 元，固体盐单位税额每吨 25 元。

解析：税法规定，纳税人以自产的液体盐加工固体盐，按固体盐税额征税，以加工的固体盐数量为课税数量。纳税人以外购的液体盐加工成固体盐，其加工固体盐所耗用液体盐的已纳税额准予抵扣。

销售液体盐应纳资源税 =100×3=300（元）

销售固体盐应纳资源税 =1 000×25=25 000（元）

允许抵扣的外购液体盐已纳资源税 =800×3=2 400（元）

合计应纳资源税税额 =300+25 000-2 400=22 900（元）

会计处理如下：

借：营业税金及附加　　　　　　　　　　　　　　22 900

　　贷：应交税费——应交资源税　　　　　　　　　　22 900

第十七种：城镇土地使用税

城市寸土寸金，交点使用税吧。

1. 谁交税

在城市、县城、建制镇、工矿区范围内使用土地的单位和个人。通常为拥有土地使用权的单位和个人，如果拥有权人不在，为实际使用人或代管人。

2. 交多少

税率：大城市1.5～30元；中等城市1.2～24元；小城市0.9～18元；县城、建制镇、工矿区0.6～12元。

[例12-22] 老人家公司拥有自用房产原值600 000元，允许减除20%计税，房产税年税率为1.2%；小汽车2辆，每年每辆税额300元；载重汽车3辆，计净吨位15吨，每吨年税额60元；占用土地面积为1 500平方米，每平方米年税额为6元；税务部门规定对房产税、车船使用税和城镇土地使用税在季末后10日内缴纳，1月31日计算本月份应缴纳的各项税金。

月应纳房产税额=600 000×（1-20%）×0.012/12=5 760/12=480（元）

月应纳车船使用税额=（2×300+3×15×60）/12=3 300/12=275（元）

月应纳城镇土地使用税额=1 500×6/12=9 000/12=750（元）

根据计算的结果，提取应纳房产税、车船使用税和城镇土地使用

税。会计分录如下:

借:管理费用——税金　　　　　　　　　　　1 505

贷:应交税费——应交房产税　　　　　　　　　480

　　　　——应交车船使用税　　　　　　　275

　　　　——应交城镇土地使用税　　　　　750

八、其他税

第十八种:烟叶税

农业税走了,烟叶税来了。

1. 谁交税

在中华人民共和国境内收购烟叶的单位为烟叶税的纳税人。

2. 交多少

(1)税基:收购金额。收购金额 = 收购价款 ×(1+10%),10%为收购烟叶的企业给烟农支付的价格补贴。

(2)税率:20%。

(3)案例。

[例 12-23] 老人家烟厂系增值税一般纳税人,7 月末收购烟叶 10 000 千克,烟叶收购价格为 7 元/千克(含支付价外补贴 10%),总计 70 000 元,货款已全部支付。

应交烟叶税 =70 000×20%=14 000(元)

烟叶税属于价内税,应包括在增值税税基中,烟叶增值税适用税率为 13%。则:

增值税的进项税=（70 000+14 000）×13%=10 920（元）

账务处理如下：

借：原材料——烟叶　　　　　　　　　　　73 080

　　应交税费——应交增值税（进项税额）　10 920

　贷：银行存款　　　　　　　　　　　　　　　70 000

　　　应交税费——应交烟叶税　　　　　　　　14 000

至此，我国的6大类18个税种介绍完毕。你是不是感觉有点乱、不成体系呀？有这个感觉就对了。

刚开始改革开放的时候，我国急需资金，为了鼓励外国人来投资，就专门设置了外商投资企业所得税，后来（2008年），我国资金充足了，为了使内外资企业地位平等，就取消外商投资企业所得税。尽管税收的效率优先原则能有利地促进国家财富在短期内迅速增长，但从长远看，为了效率优先，政府不经过民众同意，自行决定征多少税，容易导致垄断企业增多，贫富差异过大，商品价格偏高，社会稳定性差，不利于社会经济长远持续发展。因此，我国政府正在加强税收立法工作，税收改革也在向低税率、宽税基方向快速进行。相信不久，我国将实现税收合法化，公平和效率将并重，社会经济也会因此得到更加良性的发展。

✩ 考考你

不定项选择题

1. 某讲师当月工资为6 000元，三险一金为2 000元，应交个人所得税为（　　）元。

　　A. 15　　　　B. 18　　　　C. 50　　　　D. 108

2. 某小品演员当月兼职演出的收入为1万元，应交个人所得税为（　　）元。

   A. 1 600　　　　　B. 2 000　　　　　C. 3 000　　　　　D. 4 000

3. 某作家取得稿酬收入1万元，应交个人所得税为（　　）元。

   A. 1 120　　　　　B. 1 600　　　　　C. 3 000　　　　　D. 4 000

4. 土地增值税实行（　　）。

   A. 比例税率　　　　　　　　　　　B. 全额累进税率

   C. 超额累进税率　　　　　　　　　D. 超率累进税率

5. 房产税的计税依据是（　　）。

   A. 房产原值　　　B. 房产余值　　　C. 房产净值　　　D. 房产市价

6. 某个体工商户2015年4月间购入小轿车1辆，当年12月31日未到车辆管理部门登记。已知小轿车年单位税额为480元。该个体工商户2015年应缴纳的车船税为（　　）元。

   A. 240　　　　　　B. 320　　　　　　C. 360　　　　　　D. 480

7. 甲公司新增注册资本150万元，甲公司应缴纳的印花税为（　　）元。

   A. 750　　　　　　B. 600　　　　　　C. 1 050　　　　　D. 1 200

8. 某人购入房屋支付1 200万元，与他人进行房屋交换，取得额外补偿500万元。当事人应缴纳的契税合计（　　）万元（适用契税税率3%）。

   A. 15　　　　　　　B. 36　　　　　　　C. 51　　　　　　　D. 126

9. 烟叶的税率为（　　）。

   A. 15%　　　　　　B. 20%　　　　　　C. 30%　　　　　　D. 40%

10. 进口货物的完税价格是以（　　）为基础确定的。

    A. 到岸价格　　　　　　　　　　　B. 成交价格

    C. 到岸价格加关税　　　　　　　　D. 成交价格加进口增值税

11. A有两套房子，本月将其中一套出售给B，房子的成交价格为57万元，将另一处价值为60万元的三室两厅的住房与C的两处住房交换，A支付交换房屋的差价12.4万元。已知当地政府规定的契税税率为3%，上述行为应缴纳的契税为（　　）元。

    A. 1 800　　　　　B. 2 172　　　　　C. 3 720　　　　　D. 2 082

12. 下列各税种中，采用比例税率和定额税率两种税率形式的有（　　）。

    A. 印花税　　　　B. 房产税　　　　C. 资源税　　　　D. 车船税

答案

不定项选择题

1. A
2. A
3. A
4. D
5. B
6. C
7. A
8. C
9. B
10. A
11. C
12. AC

Chapter 13
第十三章
增 值 税

增值税,价外计,视同销售,笼盖八项。

进项税,分两类,相互抵消转未交。

——改自鲜卑民歌《敕勒川》

一、基本核算及账务处理：增值税，价外计

（一）增值税的特点

增值税是交易税（也叫营业税）逐步演化过来的，所谓交易税，就是只要卖东西，政府就得按比例抽成，但交易税会出现层层累加的特点。

举个例子，假设交易税为10%，农民卖10元的棉花交1元的税，织布厂用10元的棉花加工成了20元的布匹，得交2元的税，服装厂用20元的布匹加工成30元的服装就得交3元的税……显然，越接近终端，实际税越高。服装厂实际增值额仅为10（=30-20）元，却要交3元的税。这样征税不仅导致企业间的实际税负不公平，也抑制了社会分工的发展，妨碍了经济的进步（企业为了减少实际税负，从产业链的起点做到终点）。为此，美国耶鲁大学的教授亚当斯等人在1917年就提出了增值税原理，用企业的增值额作为计税的基础，就是用销售额减去采购额作为税基，这样，企业间税负就能基本公平（比如上例，无论是织布厂还是服装厂，税额都是1元），也能有力地促进经济的发展。

（二）增值税的征税范围

由于增值税比营业税具有更大的优越性，在2008年经济危机后，我国政府决定将营业税逐步改成增值税，根据国家的"十二五"规划要求，2015年年底营改增将要覆盖全部行业，实际比计划推迟了4个月。2016年5月1日起，营业税将全面退出中国税收史舞台，都转变成增值税。这样，大家就不用费力地背增值税的征税范围了，**只要是销售或者进口货物、劳务和服务，都得交增值税。**

(三) 增值税纳税义务人的分类

全国有上千万的单位和个人要交增值税，如果都按照增值额计算的话，税务局也忙不过来。于是，税务局就把纳税人分为一般纳税人和小规模纳税人两类。一般纳税人按照增值额计算，小规模纳税人按销售额计算（好像是吃亏，其实不然，它的税率只有3%）。二者的区分标准主要是按年销售额，商业企业80万元，制造业企业50万元，服务业企业500万元，以上的可以为一般纳税人，以下的为小规模纳税人。

(四) 增值税的计算

一般纳税人企业如何计算增值税呢？亚当斯的观点就是企业的毛利（即营业收入－营业成本）。可这个毛利是会计计算出来的，税务机关不好核实，于是税务机关就想出来一个便于核实的办法。企业销售货物和劳务的时候，将销售金额分为不含税的销售额和增值税的税金，然后分别写在发票上（发票是从税务机关取得的，便于核实）。采购的时候也要求将货款和税款分别写在发票上，期末的时候，将销售时的销项税减去进项税的差额交给税务局。

这样便于税务局对企业的监控，不过企业就麻烦了。会计在记录销售业务时，要区分收入（不含税的销售额）和销项税，在记录采购业务的时候，要区分采购成本费用（不含税金额）和进项税。

需要注意的是，增值税不是价内税，属于价外税。这两者的主要区别是：价内税包含在商品的价格中，计算税金的方法通常是**销售额（含税的）×税率**，由销售方承担，销售方在期末计提税金的时候**一般要计入成本或者费用中**。我国大多数税种都属于价内税，由于税金没有单独标明出来，只包含在产品价格中，消费者也不知道自己交了多少税。价外税税金不计入产品的价格中,原则上由购买方承担,**计算税金的方法是销售额(不含税的)×税率**,通常是由销售方代税务向购买方收取的,因此,不能计入销售方的收入。计算增值税的销项和进项时,**税基是不含税价**,如果仅知道含税价,还需要将含税价转成不含税价。

$$不含税价 = 含税价 / (1+ 税率)$$

$$税金 = 不含税价 \times 税率$$

[例 13-1] 一批货物的含税价是 117 万元,税率是 17%,请计算不含税价格和税金。

$$不含税价 =117/(1+17\%)=100(万元)$$

$$税金 =100 \times 17\%=17(万元)$$

[例 13-2] 涛涛超市 5 月份采购货物含税金额是 117 万元(取得增值税专用发票),当月的不含税销售额是 150 万元。假设税率为 17%。购销款项均采用支票结算完毕。

$$采购的不含税金额 =117/(1+17\%)=100(万元)$$

$$税金 =100 \times 17\%=17(万元)$$

企业实际支付给供应商的款项既包括货款,又包括税金,应为 117 万元。

借:库存商品　　　　　　　　　　　　　　100
　　应交税费——应交增值税(进项税额)　　17
　　贷:银行存款　　　　　　　　　　　　　　　117

进项税增加时,可以抵减销项税金,从而减少企业对税务局的负债,因此,记录到借方。

企业销售时,应计提销项税 =150×17%=25.5(万元),企业实际

收到客户的货款 =150+25.5=175.5（万元）。会计分录为：

借：银行存款　　　　　　　　　　　　　　　175.5
　　贷：主营业务收入　　　　　　　　　　　　　150
　　　　应交税费——应交增值税（销项税额）　　25.5

同理，销售时，销项税增加实际上增加了企业的纳税金额，负债增加记录到借方。

月末时，需缴纳增值税 = 销项税 − 进项税 =25.5−17=8.5（万元）。通过上面的会计记录，可以看出，在会计核算中，**增值税不计入收入中（收入只记录 150 万元），也没有计入费用成本中（成本记录 100 万元），它是根据企业增值额在价外单独计算的**。实质上，没有计入收入，就是减少了企业的"含税收入"，抵消进项税后缴纳给税务的税款，**就是企业实际减少收入的部分**，这一点在小规模纳税人会计核算上体现得更直接些。

为了方便征税和交税，小规模纳税人采购时的进项税是不能抵扣的，销售时的发票只有含税金额。为此，会计核算时，小规模纳税人采购时发生的增值税税金只能计入采购成本中，销售时要计算含税收入和需要计提的税金。

[例 13-3] 某会计师事务所 5 月份的不含税采购额为 10 万元，税金为 1.7 万元，当月收取服务费（含税销售额）41.2 万元。会计处理如下：

采购时：

借：主营业务成本（或管理费用）　　　　　　11.7
　　贷：银行存款　　　　　　　　　　　　　　11.7

会计师事务所"采购"的大多为交通服务等，由于进项税不许抵扣，应直接计入成本或者费用。

销售时：

$$不含税收入 =41.2/（1+3\%）=40（万元）$$

$$税金 =40 \times 3\% = 1.2（万元）$$

借：银行存款　　　　　　　　　　　　　　41.2
　　贷：主营业务收入　　　　　　　　　　　40
　　　　应交税费——应交增值税（销项税额）　　1.2

由此可以看出，企业明明收到了 41.2 万元，却只能确认 40 万元的收入，那 1.2 万元的增值税实际上是从企业的收入中分离出去的。也就是增值税的实质来源是减少企业收入。

二、**销项税的核**算：视同销售，笼盖八项

增值税的计算是"销项税 – 进项税"，具体销项税是由"销售额 × 税率"计算出来的。增值税的税率主要分为以下 5 档税率和 2 档征收率。

税率

（1）17%。销售和进口一般货物、劳务（加工、修理、修配），以及有形动产租赁业务。

（2）13%（优惠税率）。与农业生产相关的农机、化肥、农膜等企业，与居民生活相关的粮食、植物油、暖气、自来水、冷气、热气、煤气、液化气，与居民精神生活相关的报纸、图书、杂志，国务院规定的其他货物。

（3）11%。交通运输、邮政服务、基础电信、提供建筑服务、销售不动产、转让土地使用权、不动产租赁业务。

（4）6%。金融服务、增值电信服务、销售无形资产（土地使用权除外）；生活服务业，包括文化、体育、教育、医疗、旅游、娱乐、餐饮、住宿、居民日常服务、其他生活服务；现代服务业，包括研发和技术服务、信息技术服务、文化创意服务、物流辅助服务、咨询鉴证服务、广播电视服务、商务辅助服务、其他现代服务。

（5）0。纳税人出口货物（国务院另有规定的除外），以及国际运输服务、航天运输服务、境外单位提供的完全在境外消费的服务。

征收率（因会计核算制度不健全，或者无法提供法定计税依据的资料而采用简易计税比例，其进项税额不能抵扣）

（1）3%。小规模纳税人及简易征收。

（2）5%。小规模纳税人销售不动产和出租不动产，一般纳税人销售2016年4月30日之前购入或建造的不动产，个人出租住房按5%征收率减按1.5%。

增值税销项税的计算分为一般情况和视同销售，具体如下。

（一）一般情况

增值税的销售额是指纳税人销售货物或者提供劳务时向购买方收取的**全部价款和价外费用**。价外费用包括向购买方收取的手续费、奖励费、违约金、运输装卸费（如果运输部门运费发票交给购货方，并且由购货方支付运费，则不属于价外费用）等。价外费用属于含税金额，在计算销项税的时候要注意转换成不含税金额。

[例13-4] 某服装厂销售服装，不含税收入为10万元，增值税为1.7万元，另收取价外费用1.17万元。

增值税的销售额 =10+1.17/（1+17%）=10+1=11（万元）

税金 = 11×17%=1.87（万元）

会计分录（单位：万元）为：

借：应收账款　　　　　　　　　　　　　　12.87

　　贷：主营业务收入　　　　　　　　　　　　11

　　　　应交税费——应交增值税（销项税额）　1.87

（二）视同销售

视同销售是一种特殊的销售行为，从企业角度看，企业没有取得相应的货币流入，货物的增值已经实现，应当缴纳增值税。增值税的实施细则中包括以下八项内容。

1. 将货物交于他人代销

略。

2. 销售代销物

这两者在企业实务中属于委托代销，根据具体交易形式可分为视同买断和收取手续费两种形式。

（1）视同买断。

[例13-5] 老人家公司委托小人家公司销售甲商品100件，协议价为100元/件，该商品成本60元/件，增值税税率17%。老人家公司收到小人家公司开来的代销清单时，开具增值税发票，发票上注明：售价10 000元，增值税1 700元。小人家公司实际销售时开具的增值税发票上注明：售价12 000元，增值税2 040元。

老人家公司实际上属于将货物委托他人代销，应做如下会计分录：

①老人家将甲商品交付小人家公司时：

借：委托代销商品　　　　　　　　　　　　　6 000

　　贷：库存商品　　　　　　　　　　　　　　　　　6 000

②收到小人家公司代销清单的时候：

借：应收账款——小人家公司　　　　　　　11 700

　　贷：主营业务收入　　　　　　　　　　　　　　10 000

　　　　应交税费——应交增值税（销项税额）　 1 700

借：主营业务成本　　　　　　　　　　　　　6 000

　　贷：委托代销商品　　　　　　　　　　　　　　 6 000

小人家公司销售代销物，应做如下会计分录：

①收到商品时：

借：受托代销商品　　　　　　　　　　　　　10 000

　　贷：代销商品款　　　　　　　　　　　　　　　10 000

备注：由于受托代销商品的所有权属于委托企业，不属于受托企业资产，受托企业为了货物管理而设置"受托代销商品"账户（金融企业叫作"代理业务资产"），同时，设置该账户的备抵账户"代销商品款"（金融企业叫作"代理业务负债"），**期末编制报表的时候，抵消两者的余额，不影响资产负债表。**

②实际销售时：

借：银行存款　　　　　　　　　　　　　　　14 040

　　贷：主营业务收入　　　　　　　　　　　　　　12 000

　　　　应交税费——应交增值税（销项税额）　 2 040

借：主营业务成本　　　　　　　　　　　　　10 000

　　贷：应付账款——老人家公司　　　　　　　　　10 000

借：代销商品款　　　　　　　　　　　　　　10 000

　　贷：受托代销商品　　　　　　　　　　　　　　10 000

备注：这样处理比较符合相关性要求（注重权属关系），对于受托企业来说，取得销售收入后，相配比的成本为对委托企业的负债，因此贷方为应付账款，同时，代销货物销售后，企业也解除了对代销货物的管理义务，需要将已经销售部分和受托代销商品款抵消。

③按合同协议价将款项付给老人家公司，收到老人家公司发票的时候：

借：应付账款——老人家公司　　　　　　　　10 000
　　应交税费——应交增值税（进项税额）　　　1 700
　贷：银行存款　　　　　　　　　　　　　　　　　11 700

（2）收取手续费。

[例 13-6] 老人家公司委托小人家公司销售甲商品100件，协议价为120元/件，该商品成本为60元/件，增值税税率为17%。老人家公司按销售额的5%支付销售代理费用。

委托方老人家公司的账务处理如下：

①老人家将甲商品交付小人家公司时：

借：委托代销商品　　　　　　　　　　　6 000
　贷：库存商品　　　　　　　　　　　　　　6 000

②收到代销清单，开具发票时：

借：应收账款——小人家公司　　　　　14 040
　贷：主营业务收入　　　　　　　　　　　12 000
　　　应交税费——增值税（销项税额）　　2 040

借：主营业务成本　　　　　　　　　　　6 000
　贷：委托代销商品　　　　　　　　　　　6 000

③收回货款，将代销费用确认为销售费用时：

借：银行存款　　　　　　　　　　　　11 400

    销售费用   600

    贷：应收账款   12 000

受托方小人家公司的账务处理如下：

①收到代销商品时：

  借：受托代销商品   12 000

    贷：受托代销商品款   12 000

②销售代销商品时：

  借：银行存款   14 040

    贷：应付账款——老人家公司   12 000

      应交税费——应交增值税（销项税额） 2 040

  借：受托代销商品款   12 000

    贷：受托代销商品   12 000

  受托方的销售货款实际要转付给委托方的，计入应付账款比较合理，根据税务规定，受托方销售货物属于视同销售，因此计提销项税。

③收到老人家公司（委托方）增值税发票时：

  借：应交税费——应交增值税（进项税额） 2 040

    贷：应付账款——老人家公司   2 040

④支付老人家公司（委托方）货款，确认收入时：

  借：应付账款——老人家公司   14 040

    贷：其他业务收入   600

      银行存款   13 440

3. 异地货物调拨

  设有两个以上机构并实行统一核算的纳税人，将货物从一个机构移送至其他机构用于销售，但相关机构设在同一县（市）的除外。

这个实际上就是产品仓库调拨，理论上将货物从一个地方转移到另一个地方也会产生增值，不过我觉得这样规定的主要原因可能是便于税务稽查（增值税稽查的主要手段就是盘库）。

[例 13-7] 老人家商贸公司将价值 10 万元的货物从北京仓库调到天津仓库。

调出货物时候（单位：万元）：

借：其他应收款——内部往来　　　　　　　　11.7
　　贷：库存商品　　　　　　　　　　　　　　　　10
　　　　应交税费——应交增值税（销项税额）　　　　1.7

调入货物时（单位：万元）：

借：库存商品　　　　　　　　　　　　　　　　10
　　应交税费——应交增征税（进项税额）　　　　1.7
　　贷：其他应付款——内部往来　　　　　　　　　　11.7

4. 将自产或者委托加工的货物用于非增值税应税项目

非应税项目一般指不交增值税的项目，以前包括建筑行为等，现在应该不存在这样的业务了，这一条就可以取消了。但现在相关法规还没有修改，很多考试还在考相关内容，因此，还是需要介绍一下。

在这里强调，如果是购进的货物属于不可抵扣项目，不是视同销售。视同销售的计税价格是产品的售价，如果售价不能确定，也可以用组成计税价格：

组成计税价格 = 产品成本（劳务成本）×（1+ 成本利润率）

成本利润率由税务机关核定。

[例 13-8] 2015 年 6 月，老人家公司将自产的产品用于建设厂房，该批产品属于新品种，市场上没有同类产品的价格可以参考，该批产品的成本为 10 万元，成本利润率为 10%。

产品的计税价格 =10×（1+10%）=11（万元）

税金 =11×17%=1.87（万元）

会计分录（单位：万元）为：

借：在建工程　　　　　　　　　　　　　11.87
　贷：库存商品　　　　　　　　　　　　　10
　　　应交税费——应交增值税（销项税额）　1.87

需要强调的是，某种情况下，产品的所有权没有发生变化，而且在建工程所带来的经济利润无法计量，所以不能确认收入。

5. 将自产、委托加工的货物用于集体福利或者个人消费

这种情况无论在增值税角度还是企业所得税角度，都属于视同销售的范围，从会计确认角度看，我的观点是要根据会计准则中关于确认收入的标准判断，具体情况具体分析。**如果该批货物是员工十分需要的，并因此为公司提供了与货物公允价值相符的额外劳务，就可以确认为收入（这种情况，可以看作销售和发放福利的合并），否则不能满足确认收入中相关收入能够可靠计量的条件**，不应该计入收入，而直接计入成本费用。不过，我见过的出版物都没有强调这一点，都计入收入账户。实际上，不经过严谨的职业判断就贸然计入收入，会虚增企业的收入，对报表的使用者产生误导，不符合相关性和如实性的信息质量要求。**对用于集体福利的，由于产品的所有权没有转移，企业的经济利润流入也无法计量，我的观点是直接计入成本。**

[例 13-9] 老人家彩电公司将成本为 1 000 元、售价为 2 000 元的彩电分配给全体员工，每人一台，其中管理人员 20 人，生产人员 180 人（假设该电视是员工十分需要的，为此，员工为公司额外提供了与公允价值相符的劳务）。分录如下。

计提时：

计入管理费用的 =20×2 000×（1+17%）=46 800（元）

计入生产成本的 =180×2 000×（1+17%）=421 200（元）

借：管理费用　　　　　　　　　46 800

　　生产成本　　　　　　　　　421 200

　　贷：应付职工薪酬　　　　　　　　　468 000

发放时，确认收入：

借：应付职工薪酬　　　　　　　468 000

　　贷：主营业务收入　　　　　　　　　400 000

　　　　应交税费——应交增值税（销项税额）　68 000

结转成本：

借：主营业务成本　　　　　　　200 000

　　贷：库存商品　　　　　　　　　　　200 000

注意：如果是外购的货物用于集体福利，属于不许抵扣的范围，直接价税合一记账。

6. 将自产、委托加工或者购进的货物作为投资，提供给其他单位或者个体工商户

这种情况从增值税和所得税的规定上，都属于视同销售，但从会计收入确认的角度看，我的观点是这种情况不仅要满足收入确认的标准，还要考虑双方是在公平的环境下自愿达成投资协议，否则投资方

不能确认收入。在具体实务中，如果投资双方都不受同一方控制，通常应该确认收入，如果受同一方控制，就不应该确认收入。

[例13-10] 老人家公司将成本为80万元、售价为100万元的货物投资到小人家公司，享有小人家公司20%的股权，假设小人家公司可辨识的净资产为585万元。两公司不存在共同的控制方，则老人家公司的分录（单位：万元）为：

借：长期股权投资　　　　　　　　　　　117
　　贷：主营业务收入　　　　　　　　　　100
　　　　应交税费——应交增值税（销项税额）17

同时，结转销售成本：

借：主营业务成本　　　　　　　　　　　80
　　贷：库存商品　　　　　　　　　　　　　80

7. 将自产、委托加工或者购进的货物分配给股东或者投资者

这种情况从企业所得税和增值税规定上看都属于视同销售，我的观点是要具体情况具体分析，这类业务如果满足准则中收入确认标准就作为收入核算，否则直接贷记库存商品或原材料。实际上，通常商品分给股东后，股东因此给企业带来的经济利益流入是很难计量的，不符合确认收入标准中能够可靠计量的条件。除非是将产品分给股东的时候，又达成了其他条件，比如将产品当作股利等。

[例13-11] 老人家公司董事会决定，宣告将成本20万元、售价30万元的货物发放给股东。分录（单位：万元）为：

借：利润分配——应付实物股利　　　　　35.1
　　贷：库存商品　　　　　　　　　　　　　30
　　　　应交税费——应交增值税（销项税额）5.1

需要注意的是，由于所得税中规定这类业务属于视同销售，会计处理中没有确认收入的话，期末需要进行所得税纳税调整。

8. 将自产、委托加工或者购进的货物无偿赠送其他单位或者个人

该种情况不包括交通运输业和现代服务业，以公益活动为目的或者以社会公众为对象的。

这种情况下，增值税和所得税的规定都为视同销售，如果将这种业务看作销售与捐赠的合并，需要进行谨慎的职业判断，要排除企业消化滞销商品的动机。如果该商品确实是受捐赠方所需，而且价值也公允，可以考虑确认收入，否则计入营业外支出。我的观点是，在我国目前的情形下，应该都计入营业外支出，以防止企业借此虚增收入。

[例13-12] 老人家公司将成本为10万元、售价为20万元的货物捐赠给红十字会。销项税=20×17%=3.4（万元）。分录（单位：万元）为：

借：营业外支出　　　　　　　　　　　　　13.4
　　贷：库存商品　　　　　　　　　　　　　　　10
　　　　应交税费——应交增值税（销项税额）　　3.4

需要注意的是，如果捐赠超过企业利润的12%，应调整企业所得税的应纳税所得额（一个企业要是捐赠太多了，实际上对企业员工是种伤害）。

综上所述，对于视同销售的8种情况，1和2应确认收入，3、4、8不确认收入，5、6、7要进行会计的职业判断，依据会计准则收入判断的五条标准，具体情况具体分析。

另外，对于混合业务，纳税人从事不同增值税税率的业务，比如，既从事交通运输服务（6%），又销售产品（17%），也应分别核算，分别计税，否则从高征税。

需要注意的是，企业销售时的折让，如果和所销售货物开在同一张发票上，可以按折扣后的金额计税，否则，不许扣除折扣的金额。企业要充分利用好这一条规定，合理筹划，可以减少不少增值税。

三、进项税的核算：进项税，分两类

增值税的计算是销项税减去进项税，计算完销项税后，就要计算进项税。由于进项税越多，税务局收税就越少，所以，税务规定，将进项税分为可以抵扣的和不可以抵扣的两类。

（一）可以抵扣的情况

（1）纳税人购进货物或应税劳务，从销货方取得增值税专用发票抵扣联上注明的增值税税款。

这种情况下，采购额是不含税的采购额，抵扣的进项税是发票显示的金额（采购额 × 抵扣率）。具体抵扣率可分为17%、13%、11%、6%四种情况。

[例13-13]①税率17%：某服装公司采购布匹10万元，发票上税金1.7万元，采购方取得发票联和抵扣联，并在当期到税务机关进行认证。分录（单位：万元，下同）为：

借：原材料　　　　　　　　　　　　　　　　　10
　　应交税费——应交增值税（进项税额）　　　1.7

贷：应付账款 11.7

②税率13%：老人家公司当月支付水费1万元，税金0.17万元。

借：管理费用 1
　　应交税费——应交增值税（进项税额） 0.17
贷：银行存款 1.17

③税率11%：老人家公司购入材料一批，价款10万元，增值税1.7万元，同时取得运输行业增值税发票，运费和基金1 000元，增值税110元。

借：原材料（货款+运费等） 10.1
　　应交税费——应交增值税（进项税额） 1.711
贷：应付账款 11.811

④税率6%：假设老人家公司支付会计服务费1万元，增值税0.06万元，共计1.06万元。

借：管理费用 1
　　应交税费——应交增值税（进项税额） 0.6
贷：银行存款 1.06

（2）纳税人购进免税农产品所支付给农业生产者或小规模纳税人的价款，取得经税务机关批准使用的收购凭证上注明的价款按13%抵扣进项税额。

[例13-14]老人家公司从农业生产者处收购10万元农产品，收购凭证金额为10万元。根据规定，可以抵扣的金额=10×13%=1.3（万元），则商品成本=10-1.3=8.7（万元）。

借：库存商品 8.7
　　应交税费——应交增值税（进项税额） 1.3

贷：银行存款　　　　　　　　　　　　　　　　　　　　　10

（3）生产购入废旧物资、回收经营单位销售的免税废旧物资，可依据废旧物资回收经营单位开具的、有税务机关监制的普通发票上注明金额的10%计算抵扣进项税额。

[例13-15] 老人家公司从废品公司采购10万元的材料，可抵扣的金额=10×10%=1（万元）。

借：原材料　　　　　　　　　　　　　　　　　　　　　9
　　应交税费——应交增值税（进项税额）　　　　　　　1
　　贷：银行存款　　　　　　　　　　　　　　　　　　10

（4）一般纳税人从小规模纳税人处购入的货物，原则上不能抵扣，如果小规模纳税人通过税务机关代开专用发票，一般纳税人可以按3%抵扣。

[例13-16] 老人家公司从小规模纳税人B处采购1万元货物，小人家公司到税务机关申请代开专用发票，货款1万元，税款0.03万元。

借：原材料　　　　　　　　　　　　　　　　　　　　0.97
　　应交税费——应交增值税（进项税额）　　　　　　0.03
　　贷：银行存款　　　　　　　　　　　　　　　　　　1

（二）不可以抵扣的情况

（1）纳税人购进货物或应税劳务，没有按照规定取得并且保存增值税抵扣凭证，或者取得后未进行认证。

（2）会计核算不健全或者不能够提供准确税务资料的。

（3）用于非应税项目和免税项目的购进货物或应税劳务。

需要注意，要和视同销售的区别开，如果是自产的或者委托加工的产品，就应该计入视同销售（经过加工发生增值了）。

[例 13-17] 老人家公司将前期购进的材料 1 万元（税金已经在前期申请抵扣）用于生产有机化肥（根据《增值税暂行条例》，纳税人生产、批发、销售有机化肥，免征增值税）。

借：生产成本　　　　　　　　　　　　　　1.17
　贷：原材料　　　　　　　　　　　　　　　　1
　　　应交税费——应交增值税（进项税额转出）　0.17

如果材料是当期购入的，税金不许抵扣，应直接计入成本。

购入时：

借：原材料　　　　　　　　　　　　　　　1.17
　贷：银行存款　　　　　　　　　　　　　　　1.17
借：生产成本　　　　　　　　　　　　　　1.17
　贷：原材料　　　　　　　　　　　　　　　　1.17

（4）用于集体福利或者个人消费的购进货物或应税劳务。

集体福利一般是指员工食堂等。这个账务处理和（3）的情况基本一致，就不举例了。需要注意的是，如果是自产和委托加工，则视同销售。

（5）非正常损失的购进货，及其在产品、产成品所耗用的购进货物或应税劳务。

这个规定看似好没人情味，不过考虑一下增值税的计算方法，大家也就可以理解了。

[例 13-18] 老人家公司由于自然灾害损失 100 万元的材料，由于材料损失了，该企业当期也没有销项，计算增值税的时候：

0-100×17%=-17（万元），这样税务就欠企业 17 万元了。分录如下：

借：营业外支出　　　　　　　　　　　　　117
　　贷：原材料　　　　　　　　　　　　　　　　100
　　　　应交税费——应交增值税（进项税额转出）　　17

强调一下，从 2013 年 8 月 1 日后，纳税人购入的汽车、摩托车和游艇是可以抵扣的。

四、期末结转：相互抵消转未交

对于一般纳税人，企业平时将增值税业务登记到账簿中，应交增值税的账页格式如图 16-1 所示。

年		凭证		摘要	借方			贷方				借或贷	余额
月	日	字	号		合计	进项税额	已交税金	合计	销项税额	出口退税	进项税额转出		

图 16-1　应交增值税账页格式

期末的时候，计算应交税费——应交增值税的期末余额，实际上就是贷方（销项税＋进项税转出）－借方（进项税＋已交税金）。将余额结转到未交增值税中。

如果应交增值税的余额在贷方，为了使余额为零，转出则在借方，未交增值税则在贷方。同理，应交增值税的余额如果在借方，转出则在贷方，未交增值税则在借方。

[例 13-19] 假设老人家公司增值税销项合计是 30 万元,进项税额转出 5 万元,进项税 10 万元,已交税金 3 万元(当期缴纳当期的税金)。则期末应交增值税的余额为:贷方合计(30+5)-借方合计(10+3)=22(万元),余额在贷方,表示对税务的欠款。分录为:

借:应交税费——应交增值税(转出未交增值税)　　22
　　贷:应交税费——未交增值税　　　　　　　　　　22

下月,缴纳上月税金时:

借:应交税费——未交增值税　　　　　　　　　　　22
　　贷:银行存款　　　　　　　　　　　　　　　　　22

假设应交增值税账户的期末余额在借方,为 10 万元,则表示本期多交增值税 10 万元。结转到未交增值税的借方,就表示下期可以继续抵扣,转出时,分录为:

借:应交税费——未交增值税　　　　　　　　　　　10
　　贷:应交税费——应交增值税(转出多交增值税)　10

☆☆ 考考你

不定项选择题

1. 价内税和价外税的区别包括(　　)。

   A. 价内税税金包含在产品价格中

   B. 价外税税金一般不包含在产品的价格中

   C. 价内税由销售方承担,通常计提时计入销售方的成本和费用

   D. 价外税一般由包括购买方承担,销售方只是代收,不计入收入

2. 视同销售和进项税额转出的区别包括(　　)。

   A. 视同销售时,货物的计价基础是售价,进项税额转出的计价基础是成本价

   B. 对于购进货物,如果原则上没有离开企业,如用于集体福利,非应税项目等属于进项税额转出,如果离开企业,所有权发生转移属于视同销售

C. 增值税的视同销售和所得税的视同销售完全一致

D. 所得税的视同销售项目和会计确认收入的标准完全一致

3. 属于不可以抵扣的项目有（　　）。

   A. 企业购进的汽车、游艇

   B. 企业自产用于非应税项目

   C. 企业购进货物用于集体福利和个人消费

   D. 在自然灾害中损耗的、企业自制产品需要耗用的材料

4. 属于视同销售的项目是（　　）。

   A. 企业购进的汽车、游艇

   B. 企业自产用于非应税项目

   C. 企业购进货物用于集体福利和个人消费

   D. 在自然灾害中损耗的、企业自制产品需要耗用的材料

☆☆ 答案

不定项选择题

1. ABCD
2. AB
3. CD
4. B

后　　记

北宋名儒张载曾说读书人应"为天地立心，为生民立命"，改用他的话，可以说会计（财税）为"国家兴衰之本，民众生存之资"，其重要性无须多言。从上古结绳记事到现在的电子记账，演绎数千年，其间或因社会变动，停滞倒退，或因缘际会，快速发展，但总的趋势是发展的。从历史上看，无论是东方还是西方，随着经济的全球化，各国会计的差异不断缩小，逐渐趋同。

现代大多数考古专家认为，人类文明最早诞生在两河流域，埃及、印度、希腊，包括中国最初的文明都源于此，故人类早期各地文明都有相似之处，只是后来由于交通不便、各地生存环境不同，东方和西方形成了不同特色的文明。会计亦然，记账方法上都采用单式记账法，分别由"三柱结算"演绎成"四柱结算"，只是没有互相交流，中国会计的书写方式是上下，西方会计的书写方式是左右，虽然形式不同，但实质内容是一样的。

古代东西方会计，都以官厅（政府）会计为主，都采用管算结合，记录和经办分离的原则，可能是由于中国处于农业社会，会计管理更加完善，西方商品经济比较发达，民间会计核算比较活跃。后来，在西方由于日耳曼人入侵，中世纪盛行庄园经济，文化禁锢，会计随之停滞发展，甚至有些倒退。在东方，由于中国长时期执行重农抑商政策，会计发展也十分缓慢，几乎没什么实质性进展。

到了 15 世纪，大航海使得全球经济联为一体，促进贸易迅速发展。欧洲突破中世纪禁锢，文艺开始复兴，在意大利地区诞生"借贷复式记账法"。中国在明末清初的时候，也诞生了中式的复式记账法——"龙门账"，西式借贷记账法侧重于企业投资者的产权确认，其理论依据为"资产＝负债＋所有者权益"，龙门账记账法侧重企业经营损益核算，其理论依据为"进（入）－缴（出）＝存（资产）－该（负债和所有者权益）"。两种方法各有千秋，难分高下，只是由于近代西方一直处于世界经济的主导地位，西方记账法也随之成为会计界的标准，中式记账法逐渐退出历史舞台。

21 世纪初，我国会计准则与国际会计准则趋同等效，不仅提高了我国会计技术水平和会计信息质量，也有助于科学地确认和计量投资主体的产权和收益，从而促进资本投资，为我国成为全球第二大经济实体做出应有的贡献。

几千年来，东西方文化存在较大的差异。在文化源头上，古希腊商业经济发达，并由此衍生出城邦民主制度，重契约和产权，我国古代以自然经济为主，由此衍生官僚制度，强调财产官有（普天之下，莫非王土），私人产权意识淡薄。在具体核算上，西方会计侧重相关方的利益，过程和结果并重，我国侧重损益，轻过程重结果。现代西方会计在计量上充分运用公允价值，在核算上考虑了货币的时间属性。实际上，人类在早期由于力量薄弱，生产方式受制于自然环境，因而会形成不同特色的文化制度，但随着人类力量增强，以及科技的进步，人类生产方式逐渐趋同，文化制度也必将随之趋同。由此我认为，我国会计准则与国际会计准则趋同等效，不仅是会计界的幸事，也是中国的幸事。

但是我国会计准则只是规定会计处理的标准，没有阐述标准形成的原因。这不仅不利于会计初学者学习，而且不利于会计实务人员具体工作应用，以至于会计实务界和理论界很多人对新准则颇有微词，甚至抵触，导致部分企业运用会计准则的时候，没有掌握准则精神，只注重了形式。投资者也不敢轻信财报，从而增加了资本市场的交易成本，不利于企业融资，影响宏观经济发展。

为此，笔者从历史演绎的角度，以会计目标为逻辑原点探讨部分会计准则规定的原因。在介绍会计实务的时候，通常会先简述其历史演绎轨迹，再讲述具体的会计核算方法，多以会计目标和信息质量要求为评价依据。但笔者能力有限，在此抛砖引玉，希望能有更多人从这个角度关注会计。

唐诗里说："三日入厨下，洗手做羹汤。未谙姑食性，先遣小姑尝。"此书初稿完成时，我也像诗中新媳妇一样，担心此书不合读者口味，曾约几个学生试读，做了些调整，想尽量用轻松的语言阐述严谨的会计理论，可水平有限，不一定完全符合你的口味，希望你能多提意见。

最后，祝福大家万事如意，福慧双增。

刘海涛

写于 2016 年 4 月 18 日

彼得·德鲁克全集

序号	书名	序号	书名
1	工业人的未来 The Future of Industrial Man	21 ☆	迈向经济新纪元 Toward the Next Economics and Other Essays
2	公司的概念 Concept of the Corporation	22 ☆	时代变局中的管理者 The Changing World of the Executive
3	新社会 The New Society：The Anatomy of Industrial Order	23	最后的完美世界 The Last of All Possible Worlds
4	管理的实践 The Practice of Management	24	行善的诱惑 The Temptation to Do Good
5	已经发生的未来 Landmarks of Tomorrow：A Report on the New "Post-Modern" World	25	创新与企业家精神 Innovation and Entrepreneurship
6	为成果而管理 Managing for Results	26	管理前沿 The Frontiers of Management
7	卓有成效的管理者 The Effective Executive	27	管理新现实 The New Realities
8 ☆	不连续的时代 The Age of Discontinuity	28	非营利组织的管理 Managing the Non-Profit Organization
9 ☆	面向未来的管理者 Preparing Tomorrow's Business Leaders Today	29	管理未来 Managing for the Future
10 ☆	技术与管理 Technology, Management and Society	30 ☆	生态愿景 The Ecological Vision
11 ☆	人与商业 Men, Ideas, and Politics	31 ☆	知识社会 Post-Capitalist Society
12	管理：使命、责任、实践（实践篇）	32	巨变时代的管理 Managing in a Time of Great Change
13	管理：使命、责任、实践（使命篇）	33	德鲁克看中国与日本：德鲁克对话"日本商业圣手"中内功 Drucker on Asia
14	管理：使命、责任、实践（责任篇）Management: Tasks, Responsibilities, Practices	34	德鲁克论管理 Peter Drucker on the Profession of Management
15	养老金革命 The Pension Fund Revolution	35	21世纪的管理挑战 Management Challenges for the 21st Century
16	人与绩效：德鲁克论管理精华 People and Performance	36	德鲁克管理思想精要 The Essential Drucker
17 ☆	认识管理 An Introductory View of Management	37	下一个社会的管理 Managing in the Next Society
18	德鲁克经典管理案例解析（纪念版）Management Cases(Revised Edition)	38	功能社会：德鲁克自选集 A Functioning Society
19	旁观者：管理大师德鲁克回忆录 Adventures of a Bystander	39 ☆	德鲁克演讲实录 The Drucker Lectures
20	动荡时代的管理 Managing in Turbulent Times	40	管理(原书修订版) Management (Revised Edition)
注：序号有标记的书是新增引进翻译出版的作品		41	卓有成效管理者的实践（纪念版）The Effective Executive in Action

关键时刻掌握关键技能

《纽约时报》畅销书，全美销量突破400万册
《财富》500强企业中的300多家都在用的方法

推荐人

史蒂芬·柯维　《高效能人士的七个习惯》作者
汤姆·彼得斯　管理学家
菲利普·津巴多　斯坦福大学心理学教授
穆罕默德·尤努斯　诺贝尔和平奖获得者
麦克·雷登堡　贝尔直升机公司首席执行官

樊登　樊登读书会创始人
吴维库　清华大学领导力教授
采铜　《精进：如何成为一个很厉害的人》作者
肯·布兰佳　《一分钟经理人》作者
夏洛特·罗伯茨　《第五项修炼》合著者

关键对话：如何高效能沟通（原书第2版）（珍藏版）

作者：科里·帕特森 等　书号：978-7-111-56494-2

应对观点冲突、情绪激烈的高风险对话，得体而有尊严地表达自己，达成目标

关键冲突：如何化人际关系危机为合作共赢（原书第2版）

作者：科里·帕特森 等　书号：978-7-111-56619-9

化解冲突危机，不仅使对方为自己的行为负责，还能强化彼此的关系，成为可信赖的人

影响力大师：如何调动团队力量（原书第2版）

作者：约瑟夫·格雷尼 等　书号：978-7-111-59745-2

轻松影响他人的行为，从单打独斗到齐心协力，实现工作和生活的巨大改变

商业模式的力量

书号	书名	定价	作者
978-7-111-54989-5	商业模式新生代（经典重译版）	89.00	（瑞士）亚历山大·奥斯特瓦德（比利时）伊夫·皮尼厄
978-7-111-38675-9	商业模式新生代（个人篇）：一张画布重塑你的职业生涯	89.00	（美）蒂姆·克拉克（瑞士）亚历山大·奥斯特瓦德（比利时）伊夫·皮尼厄
978-7-111-38128-0	商业模式的经济解释：深度解构商业模式密码	36.00	魏炜 朱武祥 林桂平
978-7-111-57064-6	超越战略：商业模式视角下的竞争优势构建	99.00	魏炜 朱武祥
978-7-111-53240-8	知识管理如何改变商业模式	40.00	（美）卡拉·欧戴尔 辛迪·休伯特
978-7-111-46569-0	透析盈利模式：魏朱商业模式理论延伸	49.00	林桂平 魏炜 朱武祥
978-7-111-47929-1	叠加体验：用互联网思维设计商业模式	39.00	穆胜
978-7-111-57840-6	工业4.0商业模式创新：重塑德国制造的领先优势	39.00	（德）蒂莫西·考夫曼
978-7-111-55613-8	如何测试商业模式	45.00	（美）约翰·马林斯
978-7-111-30892-8	重构商业模式	36.00	魏炜 朱武祥
978-7-111-25445-4	发现商业模式	38.00	魏炜